언니들의 세계사

역사를 만들고 미래를 이끈
50명의 여성 인물 이야기

캐서린 핼리건 글
미국 캘리포니아주 바닷가 마을에서 자랐어요. 모래밭에 발을 묻은 채 온종일 책에 코를 박고 있던 책벌레 소녀였지요. 이후 미술과 문학, 역사, 언어를 공부했어요. 책 만드는 일을 했고, 100권이 넘는 어린이책에 글을 쓰기도 했답니다. 지금은 캘리포니아주, 바다와 가까운 마을에서 남편과 두 딸과 함께 살고 있어요.

세라 월시 그림
미국 뉴욕주 북부에서 자랐어요. 어린 시절 동물을 무척 사랑해서 동물이 되고 싶다고 생각했어요. 그래서 다양한 동물 의상을 입고 다니며 엉뚱한 행동을 하기도 했답니다. 어린 시절 세라는 언젠가 멋진 화가가 될 거라고 믿었고, 그 꿈을 위해 열심히 그림을 그렸어요. 오늘날 세라가 그림을 그린 책들은 전 세계 여러 나라에서 출간되었어요. 지금은 가족과 함께 캔자스시티에 살고 있어요.

김현희 옮김
대학에서 영어와 프랑스어를 공부한 뒤 출판사에서 책 만드는 일을 하며 책에 대한 관심과 사랑을 키웠어요. 지금은 전문 번역가로서 외국 책을 쉽고 정확한 우리말로 옮기는 일을 하고 있어요. 옮긴 책으로는 《지도와 그림으로 보는 참 쉬운 세계사》, 《모험 아틀라스》, 《아기 새 둥지가 된 아주 특별한 꼬마 양》, 《내 몸과 마음을 지휘하는 놀라운 뇌 여행》 등이 있어요.

우리 모두의 어머니와 할머니,
자매들과 딸들에게 바칩니다.

— 캐서린 핼리건, 세라 월시 —

지식오곰곰 04 언니들의 세계사

글쓴이 캐서린 핼리건 | 그린이 세라 월시 | 옮긴이 김현희
초판 1쇄 발행 2018년 11월 13일 | 초판 4쇄 발행 2025년 2월 20일
펴낸이 임선희 | 펴낸곳 ㈜책읽는곰 | 출판등록 제2017-000301호
주소 서울시 마포구 성지길 48 | 전화 02-332-2672~3 | 팩스 02-338-2672
홈페이지 www.bearbooks.co.kr | 전자우편 bear@bearbooks.co.kr | SNS Instagram@bearbooks_publishers
ISBN 979-11-5836-112-9, 978-89-93242-95-9(세트)
편집 우지영, 우진영, 이다정, 최아라, 박혜진, 김다예, 윤주영, 도아라, 홍은채 | 디자인 김은지, 윤금비 | 마케팅 정승호, 배현석, 김선아, 이서윤, 백경희
경영관리 고성림, 이민종 | 저작권 민유리 | 협력업체 이피에스, 두성피앤엘, 월드페이퍼, 원방드라이보드, 해인문화사, 으뜸래핑, 문화유통북스

HERSTORY: 50 WOMEN AND GIRLS WHO SHOOK THE WORLD
First published 2018 by Nosy Crow Ltd.
The Crow's Nest, 14 Baden Place, Crosby Row, London, SE1 1YW
Text ⓒ Katherine Halligan 2018
Illustrations ⓒ Sarah Walsh 2018
Korean translation ⓒ Bear Books Inc. 2018
All rights reserved.
This translation of HerStory is published in Bear Books Inc. by arrangement with Nosy Crow Limited through KidsMindAgency, Korea.

이 책의 한국어판 저작권은 키즈마인드 에이전시를 통해 Nosy Crow와 독점 계약한 ㈜책읽는곰에 있습니다. 저작권법에 따라 한국 내에서 보호받는 저작물이므로 무단전재와 복제를 금합니다.
이 책 내용의 전부 또는 일부를 사용하시려면 반드시 저작권자와 출판사의 동의를 얻어야 합니다.

 KC마크는 이 제품이 공통안전기준에 적합하였음을 의미합니다.
제조국 : 대한민국 | 사용 연령 : 3세 이상
책 모서리에 부딪히거나 종이에 베이지 않도록 주의해 주세요.

일러두기 : 이 책의 인명 및 지명 표기는 국립국어원 외래어 표기법을 원칙으로 따르되, 경우에 따라서는 해당 인물의 출생 국가 발음을 참고하기도 하였습니다.

차 례

세상을 움직인 이야기 … 4-5

신념과 리더십

엘리자베스 1세 … 6-7
잔 다르크 … 8-9
인디라 간디 … 10-11
테레사 카친다모토 … 12-13
무측천 … 14-15
해리엇 터브먼 … 16-17
부디카 … 18-19
하트셉수트 … 20-21
이사벨 1세 … 22-23
새커저위아 … 24-25

상상력과 창의력

프리다 칼로 … 26-27
비어트릭스 포터 … 28-29
코코 샤넬 … 30-31
빌리 홀리데이 … 32-33
안나 파블로바 … 34-35
미라 바이 … 36-37
마야 앤절로 … 38-39
조지아 오키프 … 40-41
에밀리 브론테 … 42-43
사라 베르나르 … 44-45

희생과 봉사

플로렌스 나이팅게일 … 46-47
헬렌 켈러 … 48-49
앤 설리번 … 50-51
메리 시콜 … 52-53
시린 에바디 … 54-55
마리아 몬테소리 … 56-57
마더 테레사 … 58-59
왕가리 마타이 … 60-61
엘리자베스 블랙웰 … 62-63
에바 페론 … 64-65

사고력과 문제 해결 능력

마리 퀴리 … 66-67
레이철 카슨 … 68-69
에이다 러블레이스 … 70-71
히파티아 … 72-73
로절린드 프랭클린 … 74-75
메리 애닝 … 76-77
캐서린 존슨 … 78-79
도러시 호지킨 … 80-81
다이앤 포시 … 82-83
발렌티나 테레시코바 … 84-85

희망과 극복

말랄라 유사프자이 … 86-87
리고베르타 멘추 툼 … 88-89
아멜리아 에어하트 … 90-91
한나 세네시 … 92-93
로자 파크스 … 94-95
누어 이나야트 칸 … 96-97
에멀린 팽크허스트 … 98-99
캐시 프리먼 … 100-101
조피 숄 … 102-103
안네 프랑크 … 104-105

언니들의 세계사 · 명예의 전당 … 106-107
낱말 풀이 … 108-109
옮긴이의 말 · 자료 출처 … 110-111
이 책의 구성 … 112

세상을 움직인 이야기

> **"** 위대한 꿈은 언제나 꿈꾸는 사람에게서 시작됩니다.
> 기억하세요. 여러분에게는 용기와 인내, 그리고 불가능에 도전하는
> 열정이 있습니다. 바로 그 힘이 세상을 바꿀 거예요. **"**
>
> – 해리엇 터브먼

전 세계 여성 인구는 약 40억 명에 이릅니다. 그리고 세계 곳곳에서 수백만 명의 여자들이 용기와 지혜를 뽐내며 봉사를 실천하고 희망을 전하고 있어요. 하지만 이들이 누구인지, 얼마나 대단한 일을 해냈는지에 대해서는 잘 알려져 있지 않아요. 때로는 그들이 한 일들이 세상을 움직이기도 하는데 말이에요.

역사(history)에는 전쟁터에서 용맹하게 싸운 기사나 나라를 세운 왕에 관한 이야기, 다시 말해 '남자들의 이야기(his story)'로 가득해요. 인류 역사 속에서 정말 여자들의 이야기는 없는 걸까요? 그렇지 않아요. 오랜 역사가 이어지는 동안 여자들도 각자의 자리에서 중요한 이야기를 만들어 왔지요. 그저 우리가 그들의 삶에 주목하지 않았을 뿐이에요. 셀 수 없이 많은 여자들이 사회적 편견과 차별, 불평등 앞에 당당히 맞섰어요. 또 미래를 바꾸기 위해 저마다의 방식으로 싸워 왔지요.

《언니들의 세계사(원제 HERSTORY)》는 역사를 만들고 미래를 이끈 50명의 여성 인물 이야기가 담겨 있어요. 그들 삶의 빛나는 순간과 위대한 업적, 또 그들이 우리에게 전하는 메시지까지 만날 수 있지요. 이 책을 통해 우리는 이제껏 알지 못했던 여자들의 이야기와 마주하게 될 거예요. 바로 지금이 남자가 아닌 여자들이 주인공이 되어 과거와 현재를 잇는 역사를 만들고 더 나은 미래를 만들 때니까요.

이 책에는 나라와 국민을 생각하는 용감한 리더의 이야기가 담겨 있어요. 그들은 자기 신념을 지키다가 위험에 빠지거나 목숨을 잃기도 했고, 어려운 문제를 앞에 두고 선택의 갈림길에 서서 고민에 빠지기도 했지요. 이 책에 등장하는 여성 리더들은 여자도 남자 못지않게 권력을 행사하는 능력이 있으며, 남자보다 강하고 뛰어난 리더십을 펼칠 수 있다는 것을 몸소 증명했어요.

타고난 예술적 재능과 남다른 삶의 방식을 통해 세상에 감동을 전한 화가와 작가, 가수, 배우, 무용가의 이야기도 있어요. 이들은 세상에 자기 생각을 표현하기 위해 힘겹게 싸워야 했지요. 아름다운 예술 작품을 만들기까지 온갖 고난과 시련이 뒤따랐지만, 때로는 힘든 시간이 창작의 원동력이 되기도 했답니다.

다른 사람을 돕기 위해 자신의 삶을 희생한 의사와 간호사, 헌신적인 스승의 이야기도 빼놓을 수 없어요. 자신이 가진 것을 기꺼이 나눈 이들도 있어요. 때로는 자기 신념을 지키기 위해 상상하기 어려운 고난과 마주하기도 했지요. 이들은 도움이 필요한 사람들을 위해 쉬지 않고 일했어요. 자신이 가진 부와 재산, 심지어 목숨까지 희생해서 다른 사람들이 더 나은 삶을 살 수 있게 도왔지요.

이 세상의 풀리지 않는 의문에 도전한 재능 있는 과학자나 수학자의 이야기는 또 어떻고요. 이들은 여성을 바라보는 불편한 시선에 맞서야 했고, 때로는 엄청난 희생을 치르기도 했어요. 하지만 인류의 삶을 바꿀 수 있는 위대한 발견을 위해서라면 그 정도 고난은 받아들일 만하다고 생각했지요. 과학과 수학이 오직 남성을 위한 세계라는 깊게 뿌리박힌 편견에 맞서야 했답니다.

어떤 대가를 치르더라도 끝까지 자신의 꿈을 좇았던 여성의 이야기도 만나 보세요. 이들은 모두 위험에 맞닥뜨려 힘겨운 고난을 이겨내야 했어요. 그 과정에서 크고 작은 희생을 치렀고 목숨을 잃기까지 했지요. 그러나 그들은 더 나은 세상을 만들고 싶다는 희망을 끝까지 포기하지 않았어요.

지금까지 살펴본 것처럼 이 책에는 절대 평범하지 않은 일을 해낸 여성 50명의 이야기가 담겨 있어요. 그들 가운데는 영광스러운 상으로 보답을 받은 이도 있지만, 살아 있는 동안 자신의 업적을 전혀 인정받지 못한 이도 있어요. 또 젊은 나이에 비극적인 죽음을 맞이한 이들이 있는가 하면 건강하게 오래 산 이들도 있지요. 이 여성들이 정치 지도자, 예술가, 혁명가, 사상가, 활동가가 되어 활약한 이유는 분명해요. 자신의 희망과 꿈이 현실이 되려면 세상이 달라져야 한다는 것을 알았기 때문이에요. 그래서 그들은 세상을 움직였어요.

**여러분의 꿈은 무엇인가요?
이 책에 나오는 놀라운 여성 50인의 이야기를 통해
여러분도 세상을 움직일 만한 꿈을 키워 보아요!**

엘리자베스 1세
강한 나라 영국을 만든 위대한 통치자

젊은 시절의 엘리자베스 1세

엘리자베스 1세의 초상을 새긴 당시의 영국 동전(은화)

환영받지 못한 아기 공주

1533년, 영국 왕 헨리 8세와 두 번째 왕비 앤 불린 사이에서 아기 공주 엘리자베스가 태어났어요. 영국 왕실에 드라마 같은 일이 끊임없이 이어지던 시대였지요. 헨리 8세는 오직 남자만 나라를 다스릴 수 있다고 생각했어요. 하지만 첫 번째 왕비 '아라곤의 캐서린'과 사이에는 아들이 없었지요. 헨리 8세는 캐서린과 이혼하고 앤 불린을 새 왕비로 맞았어요. 하지만 앤 불린마저 딸을 낳자 크게 실망했어요.

헨리 8세는 또 다른 왕비를 구하기 위해 앤 불린을 역적으로 몰아 처형했어요. 결국 세 번째 왕비로 들인 제인 시모어가 왕자를 낳았지만, 아이를 낳다가 숨을 거두었어요. 엘리자베스의 남동생인 이 아이가 훗날 아버지 뒤를 이어 왕위에 오르게 될 에드워드 6세예요. 헨리 8세는 '클리브스의 앤'과 네 번째 결혼을 하지만 얼마 못 가 또 이혼하고, 앤 불린의 사촌인 캐서린 하워드를 다섯 번째 아내로 맞이했어요. 하지만 안타깝게도 그 역시 참을성 없는 왕에게 처형당했어요. 헨리 8세는 캐서린 파와 여섯 번째 결혼식을 올렸고, 몇 년 뒤 세상을 떠났어요. 그때 에드워드는 고작 9살이었지만, 아들이라는 이유로 왕위를 물려받았어요.

엘리자베스는 번번이 왕비 자리가 갈리는 것을 지켜보면서 결혼 생각을 말끔히 지웠어요. 어머니와 새어머니들이 버려지고 처형당한 까닭이 결혼 때문이라고 생각했으니까요. 엘리자베스는 결혼은 물론 어떤 남자에게도 지배당하지 않겠다고 다짐했어요. 다행히 마지막 왕비 캐서린 파는 자녀 교육에 힘썼고, 덕분에 엘리자베스는 왕자 못지않게 훌륭한 교육을 받으며 성장했어요.

"나는 결혼한 여왕이 되느니 차라리 혼자 사는 거지가 되겠다."

'처녀 여왕'으로 알려진 엘리자베스 1세

"나는 어떤 바람에도 꿈쩍 않는 바위 같은 모습으로 살아갈 것이다."

에드워드 6세가 15살에 병으로 세상을 떠나자, 엘리자베스의 언니인 메리가 여왕 자리에 앉았어요. 독실한 가톨릭 신자인 메리 1세는 개신교 세력을 억압했고, 개신교 신자였던 엘리자베스도 런던 탑에 갇히고 말았어요.

홀로 왕위를 지키다

메리 1세도 오래 지나지 않아 세상을 떠났고, 1558년 엘리자베스가 25살의 나이로 왕위에 올랐어요. 영국 여왕 자리는 쉽지 않았어요. 그 시절 영국은 가난했고, 가톨릭교와 개신교가 갈등하면서 나라가 둘로 갈라져 있었거든요. 엘리자베스는 가장 먼저 영국을 개신교 국가로 선언했어요. 하지만 메리 1세와 달리 백성들이 자기가 원하는 종교를 믿을 수 있도록 허락했어요.

결혼하지 않은 여성이 왕이 되자 유럽 전체에서 청혼이 빗발쳤어요. 그러나 엘리자베스의 마음을 설레게 한 남자는 로버트 더들리 백작뿐이었답니다. 여왕은 백작을 사랑하면서도 결혼은 하지 않았어요. 결혼을 하지 않으면 나라 살림에 필요한 돈을 주지 않겠다고 의회에서 으름장을 놓았지만, 여왕은 끝내 홀로 영국을 다스리겠다는 뜻을 굽히지 않았어요.

엘리자베스 1세가 어린 시절을 보낸 햇필드 하우스. 이곳에서 자신이 왕위에 오를 거라는 소식을 들었다.

> **여성으로서 내 몸은 여리고 약하지만, 영국 왕으로서 내 품성과 그릇에는 부족함이 없다.**

엘리자베스 1세가 왕좌를 지키는 동안 영국 문화는 화려하게 꽃피었고, 윌리엄 셰익스피어의 작품들이 문학의 황금시대를 열어 주었어요. 엘리자베스는 나라 밖까지 눈을 돌렸어요. 탐험가 프랜시스 드레이크에게 먼바다로 나가 세계를 탐험해 보라고 지시했어요. 역시 엘리자베스의 지원을 받아 아메리카 대륙에 간 월터 롤리는 식민지를 개척하고 이름을 '버지니아'라고 붙였어요. 결혼하지 않은 '처녀 여왕(버진 퀸)'을 기리는 뜻에서 지은 이름이에요. 거대한 제국이 된 영국 왕실에는 곧 새 식민지에서 보낸 돈과 물품이 쏟아져 들어왔어요.

엘리자베스 1세에게도 위기는 찾아왔어요. 사촌이자 스코틀랜드 여왕이던 메리 스튜어트를 비롯해 수많은 이들이 엘리자베스를 왕좌에서 밀어내려고 애썼지요. 엘리자베스가 메리에게 반역죄를 물어 처형하자, 메리를 지지하던 에스파냐의 펠리페 2세는 전함 127척으로 이루어진 '무적함대'를 보내 영국을 공격했어요. 이에 맞선 영국 함대는 규모는 더 작았지만 바람 방향을 이용한 전술로 무적함대를 물리쳤고, 엘리자베스는 굳건히 왕위를 이어 갈 수 있었어요.

세상을 움직이다

엘리자베스 1세는 45년 동안 왕위를 지켰어요. 많은 사람들이 엘리자베스 1세를 영국 역사에서 가장 훌륭한 통치자였다고 평가해요. 그는 폭력과 가난으로 얼룩졌던 나라에 평화와 번영을 가져왔고, 예술을 장려해 문화 발전에 이바지했어요. 새로운 세계로 떠나는 탐험을 지원하여 수백 년 동안 이어진 대영 제국의 기반을 다지기도 했지요. 엘리자베스 1세가 당시 관습대로 다른 나라 왕족과 결혼했다면 마음껏 권력을 펼치기 어려웠을지도 몰라요. 그는 자신의 신념을 지켜 냄으로써 이 모든 업적을 이룰 수 있었답니다.

엘리자베스 1세의 독특한 서명. 'R'은 라틴어로 여왕을 뜻하는 'Regina'의 머리글자이다.

잔 다르크

백년전쟁을 프랑스의 승리로 이끈 군대 지도자이자 순교자

갑자기 드리운 전쟁의 그늘

잔 다르크는 1412년 프랑스의 작은 마을 동레미에서 가난한 농부의 딸로 태어났어요. 잔은 신앙심 깊은 어머니의 영향으로 하느님과 가톨릭 성인들의 말씀을 굳게 믿었어요. 아버지는 어린 잔에게 가축 치는 법을, 어머니는 바느질을 가르쳤어요. 덕분에 잔은 뛰어난 바느질 솜씨로 유명했답니다.

잔 다르크의 평온했던 어린 시절은 길게 이어지지 못했어요. 고향 근처에서 프랑스군과 영국군의 전투가 벌어졌기 때문이에요. 두 나라는 프랑스를 누가 통치하느냐를 두고 약 100년 전부터 싸워 왔지요.

> **"나는 두려울 것이 전혀 없다. 이 일을 하기 위해 태어났으므로."**

잔 다르크

승리를 향한 꿈

잔 다르크는 13살 무렵부터 자신이 천사들의 목소리를 듣는다고 믿기 시작했어요. 프랑스 영토에서 영국군을 물리치고 샤를 왕세자가 왕위에 오를 수 있도록 도우라는 계시였어요. 잔은 곧장 프랑스군 사령관을 찾아가 왕세자를 만나게 해 달라고 부탁했어요. 하지만 돌아온 것은 비웃음뿐이었지요. 잔은 끝내 포기하지 않았고, 1년 뒤 부대에 소속된 두 병사의 도움으로 다시 사령관과 만났어요.

잔 다르크는 천사의 계시로 알게 된 내용을 낱낱이 사령관에게 전했어요. 왕세자의 군대가 오를레앙 근처에서 영국군과 싸우다 패했다는 내용이었어요. 며칠 뒤 전령이 와서 잔의 말이 사실임을 확인해 주자, 사령관은 곧장 잔 다르크가 왕세자와 만날 수 있도록 말 한 필과 호위 병사들을 내주었지요. 잔은 머리카락을 짧게 잘라 남자처럼 꾸미고 길을 떠났어요.

글을 읽지도 쓰지도 못하는 가난한 농부의 딸에게 어떻게 프랑스군을 이끌고 영국군과 싸우라는 임무를 맡길 수 있을까요?

샤를 왕세자도 처음에는 잔 다르크를 믿지 못했어요. 하지만 사제들이 시험을 통해 잔의 깊은 신앙심과 겸손함, 정직한 마음을 확인했고, 결국 잔에게 기회를 주었어요.

마침내 잔 다르크는 갑옷을 입고 커다란 백마에 올라 왕세자의 군대를 이끌고 오를레앙으로 향했어요. 이 지역에서 프랑스군은 오랫동안 패배를 거듭해 왔지만, 잔이 지휘하는 병사들은 기적같이 영국군을 물리쳤어요. 왕세자는 잔의 도움으로 왕위에 올라 샤를 7세가 되었고, 잔 다르크는 모든 프랑스인의 영웅으로 칭송받게 되었어요.

영국 윈체스터 성당에 있는 잔 다르크 동상

> **" 하느님의 뜻을 거스르는 죄악을 저지르느니 차라리 죽음을 택하겠다. "**

1년 뒤, 잔 다르크는 영국군에 붙잡혀 포로가 되었어요. 재판관은 잔에게 남자처럼 꾸민 마녀라며 온갖 죄를 뒤집어 씌웠어요. 샤를 7세는 잔이 붙잡혔다는 소식을 듣고 크게 상심하면서도 잔을 구하려고 나서지는 않았어요. 그렇게 잔에게 유죄가 선고되었고, 1년의 감옥 생활 끝에 말뚝에 묶여 화형을 당했어요. 1만 명이 넘는 사람들이 광장에 모여 나라를 구한 영웅의 마지막 모습을 지켜보았어요. 이때 잔 다르크는 19살이었지요.

세상을 움직이다

잔 다르크가 세상을 떠나고 22년이 지나, 드디어 백년전쟁이 프랑스의 승리로 막을 내렸어요. 그제야 샤를 7세는 잔 다르크가 믿음을 위해 목숨 바친 순교자라고 선언했어요. 약 500년 뒤 로마 가톨릭교회는 잔 다르크를 성녀로 추대했고, 세상을 떠난 5월 30일을 축일로 정했어요. 이로써 잔은 프랑스의 수호성인이 되었지요. 사람들은 잔 다르크를 프랑스를 대표하는 애국심의 상징으로 생각해요. 하지만 잔의 용감한 행동은 더 큰 의미가 있어요. 한 사람의 용기가 어떻게 세상을 움직이는지 가르쳐 준 훌륭한 본보기가 되었으니까요.

성 잔 다르크

> **" 주님이 나와 함께하시지 않았다면, 함께하시길 원하나이다. 주께서 나와 함께하신다면, 나를 지켜 주소서. "**

인디라 간디

선거를 통해 인도의 지도자로 뽑힌 최초의 여성

아버지를 닮은 총명한 딸

인디라 간디는 1917년, 인도의 첫 총리 자와할랄 네루의 외동딸로 태어났어요. 인디라가 어렸을 때, 아버지는 200년 가까이 인도를 식민 지배한 영국에 맞서 독립 운동을 이끌다가 여러 차례 감옥에 갇혔어요. 어머니 카말라 또한 투옥된 남편의 연설문을 대신 낭독하는 등 활발한 독립 운동을 펼치며 인도 여성들에게 존경받다가 두 차례나 체포되었어요.

어린 시절의 인디라 간디

부모님이 자주 집을 비운 탓에, 인디라는 어린 시절을 외롭게 보냈어요. 하지만 아버지가 감옥에서 틈틈이 보내 준 196통의 역사 편지(훗날에 《세계사 편력》으로 출간됨)는 인디라의 삶에 큰 영향을 미쳤어요. 인디라는 프랑스를 구한 잔 다르크나 인도 독립운동의 아버지 마하트마 간디에게 깊은 감화를 받아 실천에 옮기기도 했지요. 인디라는 학교 친구들을 이끌고 나가 인도 독립에 관한 포스터를 만들어 붙이는 등 여러 활동을 통해 독립 운동을 도우려 애썼어요.

인디라는 매우 총명하고 배움을 즐기는 아이였어요. 어릴 때는 가정교사에게 수업을 받다가, 커서는 스위스의 국제 학교나 영국의 옥스퍼드 대학 등에서 훌륭한 교육을 받았어요. 인디라가 19살이 되던 해, 안타깝게도 몸이 약하던 어머니가 폐결핵으로 세상을 떠났어요. 당시 영국에 살던 인디라는 친구 페로즈 간디에게 많은 위로를 얻었고, 몇 년 뒤 두 사람은 인도에서 결혼식을 올렸답니다.

인디라 프리야다르시니 네루 간디

"오늘의 행동이 우리의 내일을 만들 것이다."

얻은 것과 잃은 것

엄청난 변화를 거듭한 인도는 1947년, 마침내 영국에서 독립했어요. 아버지가 인도의 첫 총리로 뽑히자, 인디라는 돌아가신 어머니를 대신하여 '퍼스트레이디' 역할을 맡았어요. 인디라는 아버지를 가까이서 도우면서 정치를 배워 나갔지요.

1964년 자와할랄 네루가 세상을 떠난 뒤, 다음 총리가 된 랄 바하두르 샤스트리는 인디라 간디를 정보 통신부 장관으로 임명했어요. 인디라는 당시로서는 과감한 정책을 밀어붙였어요. 출신과 종교에 상관없이 누구나, 심지어 정부에 반대하는 이들도 자유롭게 텔레비전과 라디오 방송에 출연할 수 있게 했지요. 인도 역사상 처음으로 표현의 자유가 열린 거예요.

2년 뒤 샤스트리의 갑작스러운 죽음으로 잠시 총리 역할을 맡은 인디라 간디는, 1966년 1월 마침내 국민 투표를 통해 인도 최초의 여성 총리가 되었어요. 스리랑카의 반다라나이케 총리에 이어 세계에서 두 번째로 선거를 통해 당선된 여성 지도자였지요. 1977년까지 10년 넘는 세월 동안 세 번이나 총리에 당선된 인디라 간디지만, 긍정적인 평가만 따르지는 않았어요. 그 시절 인도 국민은 여러 민족과 종교로 나뉘어 심한 갈등을 겪었어요. 그런 상황에서 인디라는 갈등을 극복하고 경제를 살리겠다는 명목으로 지나치게 독단적인 정책을 펼치기도 했지요. 그러다 인디라는 잠시 권력에서 쫓겨났지만, 1980년에 다시 네 번째로 총리직에 당선되었어요.

" 주먹을 움켜쥐고는 악수를 할 수 없다. "

1984년, 인디라 간디가 경호원들이 쏜 총에 맞아 숨지자 전 세계가 충격에 빠졌어요. 인디라가 억압하고 목숨을 빼앗았던 종교인들의 총구가 마침내 자신을 향했던 거예요. 인디라는 언제나 자기 주변에 위험이 도사리고 있다는 걸 알았고, 죽기 전날 밤 이렇게 말했지요. "나는 나라를 위해 기꺼이 목숨 바칠 준비가 되어 있습니다. 오늘 당장 죽는다면 내 피 한 방울 한 방울이 이 나라에 힘을 불어넣어 줄 것입니다."

" 자신이 쓸모없다고 느껴질 때는 누군가를 도와주어라. "

세상을 움직이다

인디라 간디는 인도를 더 강하고 현대적인 나라로 이끌고자 노력했어요. 파키스탄과 전쟁을 승리로 이끌었고, 새로운 국가 방글라데시가 탄생하는 데에도 힘을 보탰지요. 인도가 첫 인공위성을 쏘아 올릴 수 있도록 지원했고, 녹색 혁명 정책을 추진하여 일자리를 만들고 모든 국민이 배불리 먹을 수 있도록 노력했어요.

인디라 간디는 여러모로 힘겨운 시대에 인도라는 거대하고 복잡한 나라를 오랫동안 이끌었어요. 그러는 동안 여러 가지 논란을 일으키는 정책을 펼치기도 했지만, 세계사에서 가장 강하고 영향력 있는 여성 지도자로서 오늘의 인도를 만드는 데 기여했다는 점만큼은 누구도 부인하지 않는답니다.

인디라 간디와 아버지 자와할랄 네루

" 우리가 이룬 가장 큰 업적은 자유 민주 국가로 살아남은 것이다. "

테레사 카친다모토

어린이 인권 보호를 위해 싸운 말라위 부족장

여성에 대한 폭력 문화를 없애려 애쓰는
테레사 카친다모토

뜻밖에 지도자가 되다

테레사 카친다모토는 1958년 아프리카 말라위의 데자 지역에서 열두 남매 가운데 막내로 태어났어요. 테레사의 가족은 전통적인 부족 공동체 마을의 추장 집안이었어요. 하지만 다섯 아이를 키우며 직장에 다니느라 바쁜 데다, 보통 남자들만 추장이 되는 사회에서 막내딸로 태어났기 때문에, 자신이 훗날 부족장이 될 수 있을 거라고는 꿈도 꾸지 못했지요.

2003년, 테레사의 고향 마을 추장들이 '사람들과 잘 어울리는' 테레사를 부족장으로 뽑았어요. 그러자 테레사는 27년이나 몸담았던 대학의 비서 업무를 그만두고 곧장 고향으로 향했어요. 그때부터 테레사는 빨간 가운에 화려한 구슬 목걸이를 걸치고 표범 가죽 머리띠를 두른 '마세코 또는 고마니 왕조 치디아웅가 부족'의 '인코시(부족장)'가 되었어요. 겸손한 성격의 테레사에게는 아주 높아 보이는 자리였지요.

> "지금 딸들을 학교에 보내 가르치면, 미래에 원하는 것을 모두 얻을 것입니다."

테레사 카친다모토

소녀들의 미래를 바꾸다

테레사 카친다모토는 가장 먼저 부족민들의 집을 둘러보고 다니기 시작했어요. 그러면서 자신의 권력을 이용하여 90만 명이 넘는 부족민들의 삶을 더 나은 쪽으로 바꿔 보기로 결심했지요. 말라위는 세계에서 가장 가난한 나라 가운데 하나예요. 가난한 부모들은 먹는 입을 줄이기 위해 어린 딸을 일찌감치 시집보내기도 했지요.

테레사는 12살밖에 안 된 여자아이들이 임신한 모습에 충격을 받았어요. 말라위는 조혼(이른 결혼) 비율이 세계에서 가장 높은 나라로, 절반쯤 되는 여자아이들이 18살이 되기도 전에 결혼했어요. 그러다 보니 여성 인권 문제도 심각했어요. 걸핏하면 남자들의 폭력에 시달렸고, 덜 자란 몸으로 이른 나이에 임신과 출산을 거치면서 목숨을 잃는 경우도 많았지요. 정상적인 학교 교육을 받기도 어려웠어요. 아버지와 남편의 폭력은 당연하다는 듯 누구도 간섭하지 않았고, 소녀들의 미래는 어둡기만 했어요.

하지만 테레사 카친다모토가 목소리를 내면서 상황은 달라졌어요. 말라위 소녀들의 미래를 바꾸기로 한 테레사는 먼저 여자아이들의 몸과 마음을 짓밟는 전통 성의식을 금지했어요. 사람들이 오랜 관습을 버리기 어렵다는 반응을 보이자, 테레사는 50명의 추장을 모은 자리에서 법에 따르라고 명령했어요. 동의하건 말건 상관없이, 앞으로 영원히 조혼을 금지하고 지금의 조혼 관계도 무효로 하는 데 서명하도록 했지요. 서명을 거부하는 네 명에게는 동의할 때까지 추장 자리를 빼앗았어요. 그 결과 지난 몇 년 동안 데자 지역에서는 이른 나이에 결혼한 소녀 850명이 자유로운 몸이 되어 학교로 돌아갔어요.

세상을 움직이다

테레사 카친다모토는 어린이, 특히 여자아이들이 학교 교육을 받기를 바랐어요. 그래서 부모들을 중심으로 조직망을 짜서 마을 아이들 모두가 학교에 잘 다니는지 지켜보게 했어요. 상황은 조금씩 나아졌어요. 하지만 그렇게 되기까지 쉽지는 않았답니다. 오랜 관습을 버리고 싶지 않았던 사람들은 테레사를 죽이겠다는 협박까지 해 왔어요. 테레사는 차분하고 점잖게 법 조항을 일러 주며 그들을 물리쳤지요. 또 아이들을 학교에 보내기 위한 마을 공공 자금이 바닥났을 때는 자신의 호주머니를 털어 교육비를 내기도 했어요.

> **" 어떤 꿈이든 교육을 통해 모두 이룰 수 있습니다. "**

학교에서 영어를 배우는 말라위 아이들

테레사는 말라위 여성 하원 의원들을 마을에 초청해 어린 소녀들에게 꿈을 심어 주고, 공부를 계속하면 무엇이든 이룰 수 있다는 것을 보여 주었어요. 그러자 소녀들은 말라위의 공식 언어인 영어를 배우는 데 관심을 보이기 시작했어요. 테레사는 학생들을 데리고 도시로 현장 학습을 가기도 했어요. 덕분에 아이들은 늘 보던 농촌 마을의 생활이 아닌 다른 삶의 방식도 존재한다는 것을 깨달았어요.

이제 테레사는 여자아이들이 배움의 기회를 더 많이 얻을 수 있도록, 법적으로 결혼 가능한 나이를 18살에서 21살로 높이자는 운동을 벌이고 있어요. 그것만이 말라위에 드리워진 가난의 굴레에서 벗어나는 길이라고 믿기 때문이지요. 테레사는 자신의 부족뿐 아니라 말라위 전체의 모든 여성이 더 나은 미래를 맞이할 수 있도록, 지금 이 순간에도 열심히 일하고 있답니다.

> **" 딸을 가르친다는 것은 곧 이 마을과 더 나아가 전 세계를 가르치는 것과 같습니다. "**

무측천

중국을 호령한 유일한 여성 황제

순조로운 출발

무측천은 624년 무렵 당나라의 수도 장안(오늘날의 시안)에서 태어났어요. 어릴 때 이름은 무조였지요. 아버지 무사확은 당나라를 일으키는 데 큰 공을 세운 관리였던 덕에 살림이 넉넉했어요. 아버지는 당시 관습대로 여자아이의 교육을 소홀히 여기지 않고, 영리한 딸에게 읽기와 쓰기, 음악 등을 가르쳤어요. 심지어 남자아이들에게만 가르치던 웅변술까지도요. 배움에 남녀를 가리지 않았던 아버지 덕분에 무조는 어릴 때부터 남자가 하는 일은 여자도 할 수 있다고 생각하게 되었어요.

똑똑하고 당찬 여자아이 무조는 14살에 궁에 들어갔고, 오래지 않아 태종 황제의 눈에 들었어요. 어린 나이에 직책도 낮지만 황제 앞에서도 주눅 들지 않고 당당히 자기 생각을 밝힌 덕분이었지요. 태종은 무조의 대범함에 감탄해서 상을 내렸어요.

'측천무후'로도 널리 알려져 있는 무측천

> **" 훌륭한 군주는 어머니가 자식을 보살피듯 나라를 다스려야 한다. "**

하늘이 내린 여성 황제

태종이 세상을 떠나자, 무조는 관습에 따라 궁녀들과 함께 절로 보내졌어요. 그런데 새 황제가 된 태종의 아들 고종이 무조를 잊지 못하고 다시 불러들여 후궁으로 맞이했어요. 무조는 고종과 사이에서 네 아들과 두 딸을 낳았지요. 그런데 무조가 낳은 딸이 요람에서 숨진 채 발견되자, 무조는 이것이 황후가 벌인 일이라고 믿었어요. 결국 그 일로 황후가 쫓겨나고, 드디어 무조가 황후 자리에 앉았어요. 그러고는 병약한 고종을 도와 나랏일을 돌보기 시작했지요. 얼마 지나지 않아 당나라에 큰 지진이 일어났는데, 사람들은 여자가 나랏일에 손을 대서 생긴 나쁜 징조라고 믿었어요. 하지만 무조는 아랑곳하지 않고, 눈이 나빠 글을 읽기 어려운 고종을 대신해 나랏일에 점점 더 많이 참여했지요.

고종은 자신을 '하늘이 내린 황제'라는 뜻의 '천황'이라 부르게 했어요. 그러자 남자와 여자가 동등하다고 생각하는 무조도 자신을 '천후'라고 부르게 했지요.

중국은 세계 최초로 누에를 키워
비단을 생산한 나라이다.
비단은 비단길을 통해 서양에까지 전해졌다.

고종이 세상을 떠나자 무조는 자신이 낳은 셋째 아들과 넷째 아들을 차례로 황제 자리에 앉힌 다음, 뒤에서 직접 나라를 다스리기 시작했어요. 하지만 두 아들이 자신의 말을 순순히 따르지 않자 이들을 끌어내리고 스스로 황제 자리에 앉았지요. 절대 권력을 휘둘렀던 무조는 자신이 신성한 군주라고 주장하며 나라 이름도 '당'에서 '주'로 바꾸었어요. 새 황제의 권위를 백성들에게 보여 주기 위해 새로운 한자를 만들어 보급하기도 했어요.

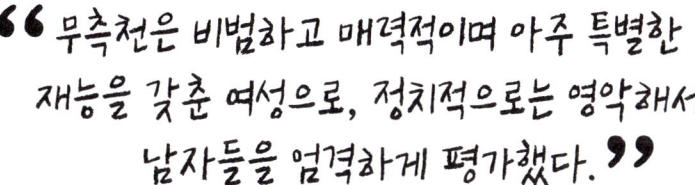

> **무측천은 비범하고 매력적이며 아주 특별한 재능을 갖춘 여성으로, 정치적으로는 영악해서 남자들을 엄격하게 평가했다.**
>
> – 앤 팔루던(중국사 학자)

첫 여성 황제가 지배하는 중국에는 많은 변화가 일어났어요. 무조는 먼저 권력을 지키기 위해 거짓말과 속임수를 일삼는 관료들의 비리를 끝장내기로 마음먹었어요. 감시 체제를 늘려 관료들이 함부로 행동하지 못하게 했고, 나라 안에서 일어나는 일을 모두 파악했어요. 관료의 수를 줄여 나라를 다스리는 데 효율성을 높이기도 했지요. 한편으로 황제에게 직접 의견을 전할 수 있는 제도를 만들어 백성의 생각을 정치에 반영하기도 했어요. 신분에 관계없이 훌륭한 인재를 관리로 뽑아 쓰기 위한 시험 제도도 마련했지요. 그 밖에도 비단길을 다시 열어 서양과 교역하며 나라 재산을 불리고, 농작물 생산을 늘리는 방법을 퍼뜨리며 세금은 줄여 백성이 풍요롭게 살도록 했어요. 모든 백성이 작은 농지라도 가질 수 있도록 나라 땅을 나누어 주기도 했지요.

세상을 움직이다

무측천은 기나긴 중국 역사에서 단 한 명뿐인 여성 황제예요. 무측천이 다스린 시대는 그 어느 때보다 더 공정하고 평화로웠지요. 무측천은 그동안 무씨 성을 가진 황후라는 뜻을 지닌 '측천무후'라는 이름으로 알려졌어요. 하지만 당당히 새 왕조를 열고 황제가 되어 남자 황제들 못지않은, 아니 오히려 더 뛰어난 통치 실력을 보여 준 사람이기에, '무측천'이란 정식 황제 호칭이 더 올바르다고 여겨지고 있어요.

무측천의 묘비에는 단 한 글자도 새겨져 있지 않아요. 당시 사람들이 엄청난 권력을 가진 여성을 못마땅하게 여겼기 때문일지도 몰라요. 또 무측천이 자신의 업적을 한낱 몇 줄의 글로 옮길 수 없다고 주장했거나, 다음 세대가 자신을 평가해 주기를 바랐기 때문이라고 생각하는 이들도 있어요. 그동안 여러 역사가들이 무측천을 잔인하고 무자비한 정치가로 그리며 비난했어요. 하지만 오늘날에는 평범한 백성의 삶을 바꾸어 놓은 긍정적인 변화들을 더 높이 평가한답니다.

나이 든 무측천

해리엇 터브먼

노예 해방과 자유를 위해 싸운 인권 운동가

노년의 해리엇 터브먼

노예로 태어난 아이

해리엇 터브먼은 1820년대 초반 미국 메릴랜드주에서 노예 신분으로 태어났어요. 정확히 언제 태어났는지는 알려져 있지 않아요. 그 시대에는 노예를 인간으로 여기지 않아서, 생년월일도 잘 기록하지 않았기 때문이지요. 해리엇의 원래 이름은 아라민타였는데, 훗날 어머니와 같은 이름으로 바꾸었어요. 해리엇은 5살 무렵에 어느 집 하녀로 보내졌고, 12살 무렵부터는 농장에서 일했어요. 농장 노예들은 걸핏하면 주인에게 매질을 당했어요. 어느 날, 해리엇은 모질게 매를 맞던 동료를 감싸려다 몽둥이로 머리를 세게 얻어맞고 기절했어요. 그 후유증으로 평생 갑자기 의식을 잃곤 하는 '측두엽 간질'을 앓았지요.

자유로 통하는 길

1849년, 마침내 해리엇은 농장을 탈출했어요. 어느 친절한 부인의 도움으로 농장을 빠져나온 뒤, 북극성을 따라 밤새 숲길을 걸었어요. 목적지는 북부 지역이었어요. 미국 북부는 남부와 달리 흑인들도 노예제에 얽매이지 않고 자유롭게 살 수 있었거든요. 해리엇은 무사히 북부에 도착했지만, 농장에 두고 온 가족들이 걱정스러웠어요. 그래서 용기를 내어 다시 돌아가기로 결심했어요.

해리엇은 먼저 여동생과 조카들의 탈출을 도왔어요. 뒤이어 남동생과 또 다른 두 노예를 구해 냈어요. 늙은 부모님을 북부로 모셔 가는 여정은 무척 힘겨웠어요. 그 뒤로도 해리엇은 열아홉 번이나 남부와 북부를 오가며 목숨을 걸고 흑인 노예들을 탈출시켰어요. 그즈음 미국 남부와 북부 사이에는 노예들의 탈출을 돕는 비밀 조직인 '지하철도'가 있었는데, 해리엇은 조직에서도 가장 이름난 '차장'이었어요.

1860년대 '지하철도' 조직의 노예 탈출 활동 지도

> **" 내가 가질 수 있는 것은 둘 중 하나, 자유 또는 죽음이었다. 하나를 가질 수 없다면, 남은 하나는 갖게 될 것이다. "**

해리엇 터브먼은 노예 구출을 위하여 갖가지 기발한 작전을 펼쳤고, 비밀 조직이 커 나가는 데 힘을 보탰어요. 탈출 시기는 늘 토요일 밤으로 정했는데, 그래야 도망친 노예들 소식이 월요일까지 신문에 나지 않기 때문이었어요. 편지를 쓸 때는 암호를 사용했고, 주변이 안전한 것을 확인하면 부엉이 울음소리로 움직여도 좋다는 신호를 보냈어요. 아기가 있을 때는 울음을 터뜨리지 않도록 수면제를 조금 먹여 재우기도 했어요. 해리엇이 이끄는 자유를 향한 여정은 길고 힘겨웠지만 언제나 안전했답니다.

해리엇 터브먼은 흑인 노예 수백 명을 자유의 세상으로 이끌면서 단 한 명의 승객도 놓치지 않았다는 사실을 자랑스러워했어요. 잔뜩 겁에 질려 있던 노예들도 해리엇과 함께라면 용감해졌어요. 해리엇은 하느님이 늘 자신을 지켜 준다고 믿고 용기를 냈어요.

1861년 미국 남부와 북부 사이에 전쟁이 터졌어요. 해리엇은 간호사, 정찰병, 스파이 등으로 눈부시게 활약하여 '터브먼 장군'이라는 별명까지 얻었지요. 흑인 병사들과 함께 적의 정보를 빼내 북부 연합군에 넘기고, 원정대를 이끌고 700명 넘는 노예를 구출하기도 했어요.

윌리엄 H. 존슨이 그린 해리엇 터브먼

해리엇은 고생한 대가로 북부 연합군에게서 기껏해야 200달러(20여 만 원) 정도를 받았지만, 노예 주인들은 해리엇을 잡아오는 대가로 그 200배인 4만 달러의 현상금을 걸었어요. 현재 가치로 15억 원에 이르는 엄청난 돈이지요. 당시 노예 한 명을 들일 때 400달러 정도 필요했으니, 노예 주인들은 해리엇이 탈출시킨 노예들의 수를 헤아려서 어마어마한 현상금을 내건 거예요. 사람의 삶과 자유의 가치를 돈으로 헤아릴 수는 없어요. 하지만 우리는 이 엄청난 금액을 통해서 자유를 위해 싸운 해리엇의 행동이 얼마나 위대한지 알 수 있지요. 해리엇 터브먼은 백인들에게 흑인도 저항할 수 있다는 사실을 깨닫게 했고, 노예들에게는 언젠가 자신의 온전한 삶을 살아갈 수 있다는 희망을 보여 주었어요.

" 나의 동포들은 반드시 자유를 찾아야 한다. "

해리엇 터브먼

" 위대한 꿈은 언제나 꿈꾸는 사람에게서 시작된다. "

세상을 움직이다

남북 전쟁이 북부의 승리로 끝나면서, 미국에서는 노예 제도가 완전히 폐지되었어요. 약 400만 명에 이르는 노예들이 자유를 찾았지요. 해리엇 터브먼은 책을 쓰고 강연을 하며 번 돈으로 부모님과 다른 노예 출신 노인들을 돌보았어요.

미국 흑인 역사에서 해리엇 터브먼은 '모세'라는 별명으로 알려져 있어요. 성경 속 모세처럼 많은 사람들을 자유의 길로 이끌었기 때문이지요. 그는 시민 평등권을 주장한 선구자이자 정찰병·스파이·간호사였으며, 무엇보다 '지하철도'의 일등 차장이었어요. 해리엇은 수많은 수많은 흑인들에게 자유를 선물했고, 아직 자유를 찾지 못한 이들에게는 희망을 심어 주었답니다.

부디카

반란을 이끈 아이시나이족 전사

로마인의 지배를 받다

부디카는 서기 30년 무렵 영국 남동부에서 아이시나이족의 딸로 태어났어요. 아이시나이족은 오늘날 영국 남부 지역에 살던 브리턴족(켈트인의 일부)의 한 갈래예요. 부디카의 어린 시절은 알려진 바가 거의 없지만, 지역에서 영향력을 떨치던 권력자의 딸이었다고 해요. 오늘날 영국 영토인 그레이트브리튼섬은 당시 대부분 로마에 점령된 상태였어요. 로마에서 온 통치자들은 원주민들의 땅을 마음대로 빼앗으려 했지요. 아이시나이족을 비롯한 모든 브리턴족은 민족에 대한 자부심이 컸던 만큼, 로마 제국의 지배에서 벗어나고자 노력했어요.

전사로 변신한 여왕

18살이 된 부디카는 아이시나이 왕인 프라수타구스와 결혼했어요. 프라수타구스 왕은 강하고 독립적으로 나라를 다스리면서도 로마와 좋은 관계를 유지했어요. 하지만 아이시나이 사람들은 로마에 세금을 내야 했고, 심지어 로마인의 노예가 된 이들도 있었어요. 프라수타구스 왕은 죽기 전에 유산을 어떻게 나눌지 계획해 두었어요. 부디카와 낳은 두 딸에게 재산 일부를 물려주고, 나머지는 로마법에 따라 로마 제국에 바치기로 했지요.

여러 부족 국가로 나뉘어 있던 고대의 영국

그런데 프라수타구스가 세상을 떠나자 로마 사령관들은 왕의 유산은 물론 다른 아이시나이 사람들의 재산까지 모두 빼앗으려 했어요. 게다가 프라수타구스 왕이 살아 있을 때 진 빚을 갚으라며 사람들 앞에서 부디카 여왕에게 채찍질하고, 두 공주에게 몹쓸 짓까지 저질렀지요. 부디카는 분노에 타올라 복수를 계획했어요. 다른 아이시나이 사람들의 생각도 마찬가지였어요.

누구보다 당당하고 강인했던 부디카는 로마군에 맞서기 위해 여기저기서 힘을 모으기 시작했어요. 늘 서로 전쟁을 벌이며 등지고 살았던 각각의 부족들이, 이번만큼은 부디카에게 설득되었어요. 그동안 자신들을 괴롭혔던 공동의 적 로마군에 맞서 힘을 합쳐 싸우자는 데 뜻을 모은 거지요. 브리턴족이 하나로 뭉친 것은 이전까지 어떤 왕도 이루지 못했던, 부디카의 놀라운 업적이었어요.

서기 61년, 부디카가 이끄는 브리턴족 연합군은 먼저 카물로두눔(오늘날 콜체스터)으로 쳐들어갔어요. 카물로두눔은 로마 제국의 권위를 상징하는 도시로, 로마 황제 클라우디우스의 사원까지 있었어요. 하지만 부디카의 갑작스러운 공격에 도시는 금세 쑥대밭이 되었지요. 부디카는 기세를 몰아 론디니움(오늘날 런던)과 베룰라미움(오늘날 세인트올번스)처럼 로마인에게 중요한 도시들을 거침없이 무너뜨렸어요.

부디카는 '승리'를 뜻하는 켈트어에서 비롯되었으며, '보우디시아'라고도 해요.

브리턴족 연합군은 결국 8만 명에 이르는 로마군 병력의 목숨을 빼앗았어요. 로마인들은 톡톡히 체면을 구겼고, 여성인 부디카가 이끄는 군대에 당했다는 것 때문에 더욱 화가 났어요. 누구도 부디카의 기세를 꺾을 수 없을 것 같았지요.

부디카는 세 도시를 차례로 무너뜨리고 북쪽으로 계속 나아갔어요. 거대한 로마군 부대 근처에 다다른 연합군은 몰래 숨어서 다시 한 번 적을 무찌를 기회를 엿보았지요. 마침내 수에토니우스 사령관이 이끄는 로마군에 맞선 전투가 시작되었어요. 브리턴족 연합군은 상대보다 머릿수가 많았지만, 정식 훈련을 받은 데다 완벽한 무기까지 갖춘 로마군에게 곧 포위되고 말았어요. 로마군은 처음에는 창으로, 다음에는 단검과 방패로 연합군을 막아 냈어요.

전쟁은 결국 부디카의 참패로 끝났답니다. 마지막 전투에서 로마군은 400명 정도 목숨을 잃었지만, 브리턴족은 20만 명에 이르는 병력을 잃었다고 해요. 부디카 역시 이 전투에서 크게 다쳐 숨을 거두었지요. 적의 포로가 되지 않으려고 스스로 목숨을 끊었다는 이야기도 있어요. 이렇게 해서 부디카의 반란은 결국 실패로 끝났지만, 점점 세력을 뻗어 가던 로마 제국에 큰 타격을 준 것만큼은 틀림없는 사실이에요.

영국 런던 국회의사당 옆에 있는 '부디카와 딸들' 동상. 빅토리아 여왕 시대에 제작되었다.

> ❝ 내가 싸우는 이유는 왕국과 재산을 지키기 위해서가 아니다. 평범한 한 인간으로서 잃어버린 자유를 되찾기 위해서이다. ❞

세상을 움직이다

2000여 년 전에 살았던 부디카의 삶에 대한 기록은 많이 남아 있지 않아요. 하지만 영국의 전성기를 이룬 19세기 빅토리아 여왕 시대에 부디카의 동상이 세워지고 그 업적이 문학과 회화 등을 통해 널리 알려지면서, 부디카는 강한 여성 지도자의 상징이 되었어요. 부디카와 빅토리아 여왕의 이름이 둘 다 '승리'를 뜻한다는 것은 우연의 일치만은 아니지요. 서로 갈등을 빚던 여러 브리턴 부족을 하나로 모아 침략자에 맞서 싸우고 큰 타격을 준 업적은, 여성 지도자가 거의 없었던 시대에 어떤 남자도 해내지 못한 대단한 일이었어요. 이렇게 부디카는 영국뿐 아니라 전 세계 모든 여성에게 힘과 지혜, 용기를 상징하는 존재가 되었답니다.

하트셉수트

막강한 권력을 지닌 고대 이집트의 여성 파라오

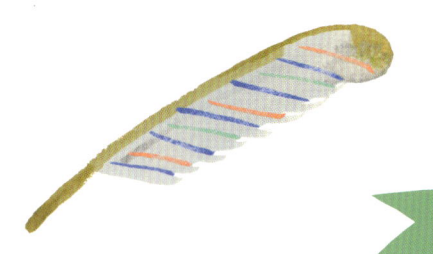

불공평한 왕위 계승

지금으로부터 3500년 전, 고대 이집트의 왕 투트모세 1세와 아메스 왕비 사이에 하트셉수트 공주가 태어났어요. 투트모세 1세는 '파라오'라고 불리던 이집트 왕들 가운데서도 가장 강력한 권력과 엄청난 재산, 군사력을 자랑했어요. 하트셉수트는 그런 아버지를 사랑하고 존경했지요.

하트셉수트가 12살 무렵, 아버지가 세상을 떠났어요. 하트셉수트는 정식 왕비에게서 태어난 맏딸이었지만, 아들만이 왕위를 물려받을 수 있다는 전통에 따라 왕위에 오를 수 없었어요. 그 대신 후궁의 아들인 배다른 남동생이 왕이 되었지요. '최고의 여성 귀족'이라는 뜻의 이름을 지닌 하트셉수트였지만, 딸이라는 이유로 뒷자리로 물러난 거예요.

❝ 내 입은 불필요한 말을 하지 않는다. 내가 한번 뱉은 말을 거스르는 일은 없다. ❞

누가 왕이 되어야 하는가

하트셉수트는 새로 왕이 된 남동생 투트모세 2세와 결혼했어요. 고대 사회에서는 가족끼리 결혼하여 왕족의 혈통을 순수하게 이어 가야 한다고 믿었거든요. 투트모세 2세마저 일찍 세상을 떠나자, 이번에도 왕위가 자신이 낳은 딸 네페루레가 아니라 후궁이 낳은 아들에게 넘어갔어요. 하트셉수트는 이번만큼은 순순히 물러서지 않았어요. 새 파라오가 된 투트모세 3세가 너무 어리다며 대신 나라를 다스리기 시작한 거지요.

7년 뒤, 이집트 왕국에 유례없는 일이 벌어졌어요. 여성인 하트셉수트가 스스로를 파라오라고 선언한 거예요. 하트셉수트는 힘들게 차지한 권력을 굳건히 지키기로 마음먹고, 조금 독특한 명령을 내렸어요. 모든 벽화와 조각상에 자신의 모습을 턱수염과 튼튼한 근육을 가진 남자로 표현하게 한 거예요. 하트셉수트는 이미 여러 문헌과 미술 작품에서 여성으로 알려져 있었던 만큼, 일부러 남자처럼 보이려고 그런 명령을 내린 것은 아니에요. 단지 자신이 여느 남자 못지않게 힘 있고 강인한 통치자라는 것을 보여 주고 싶어서였지요.

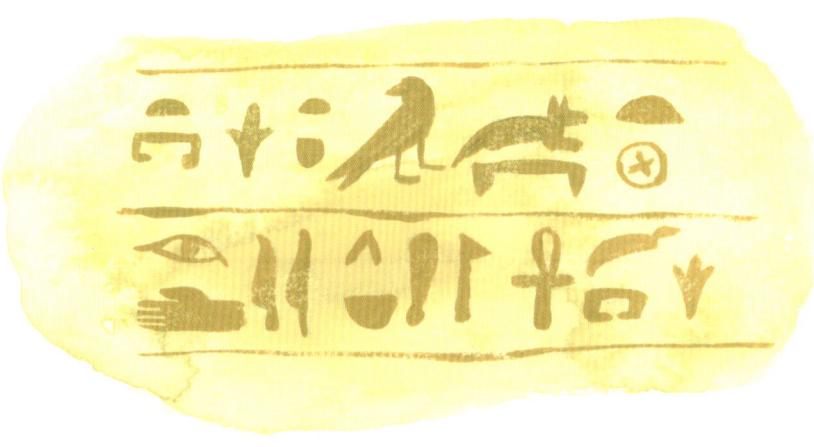

❝ 왕국을 다스리는 나의 힘은 산처럼 굳건하다. ❞

이집트 하트셉수트 신전 안에 있는 초상화. 턱수염을 기른 모습.

하트셉수트는 파라오로서 정당성을 드러내기 위해 꾀를 냈어요. 친딸 네페루레를 투트모세 3세와 결혼시켜 자기 위치를 확실히 다졌고, 아버지 투트모세 1세가 자신을 공동 파라오로 삼았음을 보여 주는 미술 작품을 만들기도 했어요. 또 자신이 투트모세 1세로 변신한 아문 신과 아메스 왕비 사이에 태어났다는 탄생 설화를 만들어, 스스로 신의 딸이라고 주장했어요.

하트셉수트는 파라오 역할을 훌륭하게 해냈어요. 먼저 '다이르 알바흐리' 신전을 비롯한 눈에 띄는 건축물들을 여럿 세웠어요. 백성을 위한 일자리를 만드는 동시에 자신이 가진 엄청난 재산과 권력을 뽐내기 위해서, 다른 파라오들보다 훨씬 더 많은 건축물을 지은 거예요. 또 먼 나라로 배를 보내어 황금이나 향료 같은 귀한 외국 물건을 들여와서 이집트 왕국을 부유하게 만들었어요.

" 머나먼 미래에 내 기념물을 보고 내가 이룬 일들을 알게 된 사람들이 어떤 말을 할지 생각하면 한없이 마음이 어지럽다. "

세상을 움직이다

위대한 여성 파라오가 이끈 평화로운 시대는 약 20년 만에 하트셉수트의 죽음으로 끝이 났어요. 하트셉수트는 '왕가의 계곡'에 있는 아버지 투트모세 1세의 무덤 옆에 묻혔어요. 투트모세 1세의 후계자라는 정통성을 증명하기 위해 미리 마련해 둔 석관 속에 묻힌 거지요. 몇 년 뒤 투트모세 3세는 하트셉수트의 조각상들을 대부분 부수어 버렸어요. 아마도 앞으로 또 다른 여성이 권력을 잡을 수 있다는 가능성을 모두의 머릿속에서 지우고 싶어서였을 거예요.

이유가 무엇이었든 하트셉수트는 오랫동안 역사에 드러나지 않았어요. 그러다 1829년 프랑스의 고고학자 장 프랑수아 샹폴리옹이 비로소 하트셉수트라는 인물을 세상에 알렸지요. 샹폴리옹은 '로제타석'에 나타난 고대 이집트의 상형 문자를 처음 해독한 사람으로, 상형 문자와 벽화에서 하트셉수트의 성별이 다른 것을 이상하게 여겼어요. 이후 더 많은 미술 작품들이 발견되면서 마침내 하트셉수트를 둘러싼 이야기가 조금씩 밝혀지기 시작했답니다.

수천 년 넘는 이집트 역사에서 여성이 나라를 다스린 시기는 매우 짧지만, 하트셉수트는 남성들보다 훨씬 더 뛰어나게 파라오 역할을 해냄으로써 여성도 이집트의 최고 통치자가 될 수 있음을 증명했어요. 단호하게 권력을 움켜쥐고, 슬기롭게 왕위를 지켰으며, 자신의 지도력을 누구도 의심하지 못하도록 온 힘을 쏟아 통치했지요. 하트셉수트 덕분에 이집트는 더 강하고 아름답고 부유한 왕국이 되었어요. 오늘날 하트셉수트는 고대 이집트 역사에서 위대한 파라오이자 진정한 리더로 평가받는답니다.

하트셉수트라는 이름은 '최고의 여성 귀족'이라는 뜻이에요.

이사벨 1세
에스파냐를 통일하고 제국의 문을 연 여왕

타고난 지도자

이사벨은 1451년 카스티야 왕국의 후안 2세와 포르투갈 왕국 출신 이사벨 왕후 사이에 태어났어요. 지금의 에스파냐와 포르투갈이 있는 이베리아반도는 당시 카스티야, 그라나다, 아라곤, 포르투갈 왕국으로 나뉘어 있었어요. 그중 카스티야 왕국이 가장 넓은 영토를 차지하고 있었지요. 아버지 후안 2세는 이사벨이 2살 때 세상을 떠났고, 이사벨은 어린 시절 내내 어머니와 함께 궁궐 밖에서 조용히 살아야 했어요.

페르난도 2세와 이사벨 1세 이름의 머리글자. 에스파냐어로 이사벨은 'Isabel' 또는 'Ysabella'이다.

카스티야 왕국의 여왕 이사벨 1세

역사 속에서 왕족의 결혼은 사랑보다 특별한 목적으로 이루어진 때가 많아요. 후안 2세에 이어 왕이 된 엔리케 4세는 여동생 이사벨을 당시 힘센 나라였던 포르투갈이나 프랑스로 시집보내려고 했어요. 하지만 이사벨 공주는 왕의 뜻을 거스르고, 자신이 가장 좋아했던 아라곤 왕국의 왕자 페르난도 2세에게 먼저 청혼하여 결혼식을 올렸어요. 얼마 지나지 않아 엔리케 4세가 숨을 거두자, 왕위를 두고 엔리케 4세의 딸 후아나와 이사벨 사이에 다툼이 벌어졌어요. 여기서 이사벨이 승리하여, 이사벨 여왕의 카스티야 왕국과 페르난도 2세의 아라곤 왕국이 하나로 합쳐졌지요. 이제 에스파냐는 통일의 문턱에 다다랐어요.

> **확고한 믿음과 구체적인 경험에서 오는 깨달음은 차이가 크다.**

동등한 위치의 부부 왕

이사벨 1세와 페르난도 2세는 서로 동등한 위치에서 왕국을 다스리기로 합의했어요. 이는 당시에 흔치 않은 일이었어요. 그 시대 여왕은 대부분 남편의 뜻에 따라 움직일 뿐 자신의 의지대로 권력을 누리지 않았으니까요. 두 왕국 또한 어느 한 나라가 상대 나라를 지배하는 것이 아니라, 평등한 지위에서 서로 존중하는 방식으로 통일이 되었지요.

이제 막 왕좌에 앉은 두 왕은 남쪽으로 눈길을 돌렸어요. 남부에 있는 그라나다 왕국은 약 800년 전부터 무어인이라는 이슬람교 세력이 지배하고 있었어요. 이사벨 여왕과 페르난도 2세는 나라 전체를 가톨릭 국가로 통일하고 싶어 했고, 그래서 무어인을 에스파냐 밖으로 몰아내고자 전쟁을 일으켰어요.

신하들에 둘러싸인 이사벨 1세와 페르난도 2세

이사벨은 군사 전략에 관심이 많아서 전쟁에도 적극적으로 나섰어요. 병사들과 함께 최전선에서 천막생활을 하며 막내딸 카타리나를 키웠지요. 종종 말을 타고 군부대를 돌아다니며 병사들의 상태를 살폈고, 다친 병사들을 돌보기 위한 병원도 지었어요. 1492년, 마침내 전쟁이 시작된 지 10년 만에 그라나다 왕국에서 마지막 무어인을 쫓아내고 마침내 에스파냐를 한 나라로 통일했어요.

이제 이사벨 1세는 나라 밖으로 눈을 돌렸어요. 때마침 이탈리아 탐험가 크리스토퍼 콜럼버스가 동인도로 가는 새로운 뱃길을 찾고 싶어 하자, 선뜻 배 세 척을 내주었지요. 콜럼버스는 오늘날의 중앙아메리카 동쪽 바다에 있는 서인도 제도에 도착한 뒤, 그곳을 에스파냐 여왕의 땅으로 선포했어요. 이사벨 1세는 원주민을 노예로 만드는 것을 반대하여 콜럼버스가 데려온 노예들을 풀어 주기도 했어요.

하지만 이사벨 여왕이 늘 너그러웠던 것은 아니에요. 무시무시한 종교재판이 시작된 것도 바로 그즈음이었으니까요. 에스파냐 가톨릭교회는 권력을 이용해 이슬람교나 유대교 신자들의 목숨을 빼앗거나, 가톨릭 신자로 개종시키거나, 나라 밖으로 쫓아냈어요. 이러한 정책은 에스파냐의 문화 발달에 걸림돌이 되었고, 온 나라가 가톨릭교회의 엄격한 규율에 따르느라 여러 불편을 겪기도 했지요.

한 나라의 통치자로서 이사벨 1세는 두 얼굴을 가진 인물이었어요. 오늘날 기준으로는 받아들이기 힘든 잔인함을 드러내기도 했지만, 여성과 가난한 사람들에게 이로운 새 정책을 펼치기도 했으니까요. 여성에게 더 나은 교육 기회를 제공했고, 감옥의 운영 방식을 바꾸고, 가난한 사람도 나라에서 지원하는 변호사에게 도움받을 수 있도록 했어요. 매주 금요일마다 직접 백성들을 만나 불만을 접수하기도 했지요. 두 왕은 이슬람교와 유대교인에게는 한없이 가혹하게 굴었지만, 가톨릭교도들에게는 더 나은 삶을 살 수 있도록 좋은 정책을 펼쳤어요.

세상을 움직이다

이사벨 1세가 종교를 앞세워 많은 사람들의 목숨을 빼앗은 것은 분명 비판받을 만한 부분이에요. 하지만 당시에 찾아보기 어려운 강력하고 넓은 시야를 지닌 통치자였다는 점만큼은 부정할 수 없어요. 그는 흩어진 에스파냐를 하나로 통일하여 막강한 나라로 키웠어요. 또 거기서 멈추지 않고 나라 밖 세상으로 관심을 돌려 대제국을 건설하기 시작했지요.

이사벨 1세는 여성도 남성과 동등한 교육을 받을 수 있게 했고, 대학교에 여자 교수를 두 명씩 임명하도록 후원을 아끼지 않았어요. 또 여성이 정치권력을 갖기 어려웠던 시절에 네 딸에게 권력을 물려주어, 포르투갈, 카스티야, 잉글랜드의 왕후로 키워 냈답니다.

> "나는 카스티야의 왕위를 기꺼이 받아들이며, 내가 가진 모든 것을 걸고 그 자리를 지키겠다."

새커저위아

미국 서부 지역 탐험대를 이끈 아메리카 원주민

어린 시절에 닥친 위기

새커저위아는 1788년 무렵 북아메리카 로키산맥 근처의 한 마을에서 태어났어요. 아버지는 아메리카 원주민 부족 가운데 하나인 쇼쇼니족 추장이었어요. 새커저위아는 11살 무렵 마을에 쳐들어 온 히다차족에 납치당해 멀리 북쪽까지 끌려갔지요. 어린 소녀가 도망쳐 집으로 돌아오기에는 거리가 너무 멀었고, 가족들도 구할 엄두를 내지 못했어요. 시간이 흘러 15살이 된 새커저위아는 프랑스계 무역상인 투생 샤르보노에게 노예로 팔려 갔고, 그의 아내가 되었어요.

> **" 세상이 당신의 삶에 빚을 졌다고 말하지 마십시오. "**

새커저위아는 '새의 여자'라는 뜻이 담긴 이름이에요.

탐험과 자유로운 삶

그 무렵 미국은 영국으로부터 갓 독립한 신생국으로, 북아메리카 동쪽의 3분의 1 정도만 차지하고 있었어요. 제3대 대통령 토머스 제퍼슨은 1803년 프랑스로부터 미시시피강 서쪽의 드넓은 땅 루이지애나를 사들여 영토를 두 배로 늘렸지요. 하지만 사실 이 땅의 진짜 주인은 프랑스도 미국도 아닌, 오래전부터 그곳에 살던 원주민들이에요. 제퍼슨 대통령은 새로 얻은 땅을 제대로 파악하고 미국의 통치권을 확실히 하고 싶었어요. 그래서 군인인 메리웨더 루이스와 윌리엄 클라크를 중심으로 서부 원정대를 꾸렸지요.

> **" 내가 하는 일은 모두 나의 동포를 위한 것이다. "**

1804년 5월, 루이스-클라크 원정대의 탐험이 시작되었어요. 원정대가 원주민들과 맞닥뜨릴 때, 새커저위아는 훌륭한 통역가가 되어 주었어요. 새커저위아가 원주민에게 들은 쇼쇼니어를 다코타어로 바꾸어 남편에게 전하고, 남편은 이를 프랑스어로 바꾸어 원정대에 전하고, 다시 원정대의 누군가가 영어로 옮기는 식으로 복잡하게 통역이 진행되었어요. 하지만 내용은 아주 정확했지요. 새커저위아는 갓난아이를 업고 씩씩하게 원정대를 안내했는데, 바로 이 점 때문에 원주민들이 원정대를 거부감 없이 받아들일 수 있었어요. 전쟁하러 온 무리에 아기 엄마가 끼어 있을 리는 없다고 생각한 거지요.

'새커저위아가 안내한 '루이스-클라크 원정대'의 경로'

메리웨더 루이스와 윌리엄 클라크

새커저위아는 어린 아들 장 밥티스트를 등에 업고 어릴 적 기억을 되살려 힘한 산길을 앞장서서 걸었어요. 도중에 만난 많은 원주민 부족은 평생토록 백인을 한 번도 보지 못한 사람들이었어요. 새커저위아는 그들에게 원정대 사람들이 위험하지 않다고 소개했어요. 배가 거센 강물에 휩쓸려 뒤집힐 뻔했을 때는 직접 나서서 중요한 서류들을 지켜 냈지요. 산속에서 먹을 것과 약초를 구해 원정대가 건강한 몸으로 무사히 탐험을 이어 가는 데 힘을 보태기도 했어요. 루이스와 클라크는 새커저위아의 용기와 열정에 깊이 감동하며 '훌륭한 길잡이'라는 찬사를 보냈지요.

놀라운 활약을 펼친 새커저위아에게 깜짝 선물이 찾아왔어요. 원정대와 함께하는 여정에서 오래전에 헤어진 친오빠와 만나게 된 거예요. 그사이 오빠는 쇼쇼니족 추장이 되었고, 새커저위아는 잠시나마 가족과 함께 행복한 시간을 보냈어요. 새커저위아는 계속해서 원정대를 이끌고 태평양 연안으로 향했어요. 겨울을 보낼 캠프의 위치를 정할 때는 새커저위아도 투표로 의견을 보탰어요. 아마도 미국에서 여성이 투표권을 가진 최초의 사건일 거예요. 루이스와 클라크가 새커저위아를 얼마나 신뢰했는지 보여 주는 증거지요.

원정대와 함께하는 동안에는 남자들과 다름없이 무리를 이끌고 큰 공을 세웠지만, 그렇게 일한 대가는 한 푼도 받지 못했어요. 남편 샤르보노가 엄청난 땅과 수고비를 받은 것에 비하면 불공평한 대우였지요. 어쨌든 원정대를 이끄는 동안 평등과 자유를 누린 새커저위아에게 다시 일상생활로 돌아가는 것은 힘든 일이었어요. 그 무렵 미국 원주민 여성들의 삶은 몹시 고단했거든요. 새커저위아는 원정에서 돌아온 지 6년 만에 리세트라는 딸을 낳은 뒤, 얼마 지나지 않아 열병으로 세상을 떠났어요. 그때 나이기 겨우 25살이었지요. 클리크는 새거지위아가 남긴 두 아이를 입양하기로 했어요. 아들 장 밥티스트는 정식 교육을 받고 유럽을 여행한 뒤 미국 정부의 서부 개척을 돕는 길잡이가 되었어요.

아들 장 밥티스트를 품에 안은 새커저위아 동상

"어렵사리 찾아 나선 것들을 마침내 발견했을 때의 놀라움이란……"

세상을 움직이다

새커저위아의 삶은 길지 않았지만 특별했어요. 오늘날 거대한 미국을 이루는 과정에서 중요한 역할을 했던 루이스-클라크의 원정길에 원주민 여성으로서 당당하게 이름을 올렸지요. 새커저위아는 위기의 순간마다 용감하고 침착하게 원정대를 이끌었어요. 낯선 세상에서 훌륭한 길잡이였던 새커저위아는 미국 역사에서 매우 영향력 있는 인물로 평가되고 있어요. 2000년 미국에서는 1달러 동전에 새커저위아의 초상을 새기기도 했어요.

프리다 칼로

멕시코의 선구적 화가이자 페미니스트 영웅

씩씩한 어린 시절

프리다 칼로는 1907년 독일 출신 사진작가 아버지와 멕시코 출신 어머니 사이에서 태어났어요. 프리다는 태어난 직후부터 멕시코시티의 '카사 아술'이라는 집에서 살았는데, 에스파냐어로 '파란 집'이라는 뜻을 지닌 이 집에서 평생 작품 활동을 하며 보냈지요. 지금은 이 집이 '프리다 칼로 박물관'으로 쓰이고 있어요.

프리다는 6살 때 소아마비에 걸려 1년 가까이 침대에 누워 지냈어요. 아버지는 다리를 절게 된 딸에게 축구와 수영, 레슬링을 가르쳐서 체력을 키우게 했어요. 그 시대에 여자아이가 이런 운동을 하는 일은 드물었지만, 덕분에 프리다는 건강을 되찾고 자신감을 얻었답니다.

총명했던 프리다는 의사가 되기를 꿈꾸며 멕시코 국립 예비 학교에 들어갔어요. 2000명의 학생 가운데 여자는 30명 정도밖에 되지 않았지요. 쾌활하고 다정한 성격으로 친구들과도 잘 어울렸어요. 멕시코 원주민 문화에 자부심을 가진 프리다는 전통 의상과 장신구를 멋지게 착용하여 눈길을 끌기도 했답니다.

비극을 이겨 낸 승리자

18살이 되던 해, 프리다는 타고 있던 버스가 전차에 부딪히는 끔찍한 교통사고를 겪었어요. 이 사고로 척추와 다리를 심하게 다치고 말았지요. 죽을 고비는 간신히 넘겼지만, 몇 달이나 병원을 떠나지 못했어요. 사고 이후로 프리다의 삶은 완전히 달라졌어요. 고통 속에서 꼼짝없이 누워 지내다 보니 자주 지루하고 우울한 기분이 들었어요. 할 수 있는 것은 그림 그리기뿐이었지요. 아버지는 딸을 위해 침대 위쪽에 커다란 거울을 매달아 주었고, 덕분에 프리다는 누워 있는 자기 모습을 그림으로 그릴 수 있었어요.

"발 따윈 없어도 좋아. 내겐 날 수 있는 날개가 있으니까."

프리다는 밤낮없이 열심히 그림을 그렸어요. 몸이 어느 정도 나은 뒤에 다시 사람들과 어울리면서, 멕시코의 유명한 화가 디에고 리베라를 만나 사랑에 빠졌어요. 프리다는 덩치가 크고 우락부락한 디에고를 두꺼비라는 뜻에서 '사포'라고 불렀어요. 서로 깊이 사랑했던 두 사람은 곧 결혼식을 올렸어요. 프리다는 엄마가 되고 싶은 마음이 간절했지만, 교통사고 후유증으로 아기를 낳을 수 없었어요. 이러한 슬픔과 안타까움은 프리다의 많은 작품에 나타나 있어요.

침대에 누워 그림을 그리는 프리다

> **" 내가 자화상을 그리는 이유는 혼자 있을 때가 많기 때문이며, 나 자신이야말로 내가 가장 잘 아는 주제이기 때문이다. "**

프리다 칼로와 남편 디에고 리베라

프리다 칼로는 아기에게 줄 수 없는 사랑을 동물들에게 아낌없이 쏟아 부었어요. 카사 아술의 정원에는 사슴, 흰머리수리, 거미원숭이, 앵무새, 칠면조, 고양이와 강아지 여러 마리를 비롯해 온갖 동물들이 살았지요. 프리다가 사랑한 동물들, 특히 강아지 '미스터 숄로티'와 거미원숭이 '풀랑창'은 작품 속에도 자주 나타나지요.

프리다는 뉴욕과 파리의 유명 미술관에서 초청을 받아 전시회를 열 만큼 점점 더 유명한 화가가 되었어요. 디에고는 그런 아내를 질투하기도 했고요. 두 사람은 서로 깊이 사랑하는 만큼 자주 싸웠어요. 심지어 이혼까지 했다가 이듬해에 다시 결혼하기도 했지요.

프리다 칼로와 디에고 리베라는 가난한 사람들도 잘사는 세상을 만들어야 한다고 생각했어요. 남편 디에고는 특히 노동자와 농민의 삶, 그리고 멕시코의 전통을 벽화에 담아 많은 이들의 공감을 자아내면서 세계적으로 이름을 떨쳤지요. 프리다 역시 때로는 그림을 통해 평화를 주장하기도 했지만, 대체로 여성으로서 자신의 삶과 감정을 깊이 들여다보는 주제의 그림을 더 많이 그렸어요. 프리다의 작품 총 143점 가운데 55점은 자화상이에요. 프리다는 자신의 모습을 전형적인 아름다운 여성의 모습에서 벗어나 거칠고 강렬하게 표현했는데, 특히 유난히 짙은 눈썹과 콧수염이 인상적이지요.

프리다 칼로라는 이름이 세상에 알려질수록, 프리다의 건강은 점점 나빠졌어요. 젊은 날의 사고에 따른 갖가지 후유증을 치료하기 위해 수술을 서른 번도 넘게 받았지만, 고통은 평생 프리다를 따라다녔어요. 결국 프리다 칼로는 47살에 폐렴으로 숨을 거두었어요.

> **" 나는 아프지 않다. 나는 망가지지 않았다. 그림을 그릴 수 있는 한 나는 살아 있어 행복하다. "**

세상을 움직이다

어느 누군가의 그림과도 닮지 않은 프리다만의 독특한 회화 작품은 오늘날까지 수많은 사람들에게 사랑받고 있어요. 특히 프리다 칼로라는 인물 자체에 대한 관심이 점점 더 높아져, 그를 다룬 책이나 영화 들도 꾸준히 제작되고 있지요. 어린 시절부터 가졌던 장애와 끔찍한 사고로 인한 육체적·심리적 고통을 이겨 내면서, 누구보다 창의적이고 개성 있는 방식으로 펼쳐 낸 프리다의 예술 세계는 오늘날 전 세계 사람들의 찬사를 받고 있어요.

비어트릭스 포터

피터 래빗을 탄생시킨 동화 작가이자 환경 운동가

자연과 동물을 사랑한 소녀

헬렌 비어트릭스 포터는 1866년 영국 런던의 부유한 가정에서 태어났어요. 미술을 사랑했던 부모님의 영향으로 어린 시절부터 남동생과 함께 집에서 기르는 동물들을 그리며 놀았어요. 집에는 토끼며 도마뱀, 생쥐, 두더지, 거북, 뱀, 개구리, 심지어 박쥐까지 있었답니다. 비어트릭스의 가족은 대도시에 살면서도 전원생활을 좋아해서, 틈나는 대로 잉글랜드 북부와 스코틀랜드의 시골을 오가며 한가롭게 지냈어요.

비어트릭스의 아버지는 일찍이 딸이 그림에 특별한 재능이 있다는 것을 알아차리고, 자수 미술관이나 박물관에 데려갔어요. 자신의 화가 친구들에게 소개하기도 했지요. 비어트릭스가 8살 무렵에 그림으로 가득 채운 스케치북만 해도 지금까지 여러 권이 남아 있어요. 비어트릭스는 책과 전시회에서 본 그림을 따라 그리며 혼자 미술을 공부했어요.

비어트릭스는 온갖 동물과 식물을 놀랍도록 세밀하게 그림에 담았어요. 그러면서 자연 과학에 몰두하여, 버섯이나 이끼, 곰팡이 같은 미생물을 연구하고 그림으로 남기기도 했어요.

> **"학교에 다니지 않은 것은 큰 행운이었다. 학교에 다녔다면 작품의 독창성이 떨어졌을 것이다."**

비어트릭스는 균류에 관한 연구 성과를 학회에 보냈지만, 아마추어 여성 과학자라는 점 때문에 곧바로 무시당했지요. 이 학회는 1997년에 이르러서야 비어트릭스에 대한 성차별을 인정하고 사과했어요.

헬렌 비어트릭스 포터

비어트릭스를 잘 따르던 토끼 벤저민 바운더

피터 래빗의 탄생

비어트릭스가 동화 작가로서 처음 쓴 작품은 장난꾸러기 토끼 피터 래빗이 주인공으로 등장하는 이야기예요. 비어트릭스는 어린 시절 가정교사의 아들 노엘이 몸이 아파 침대에만 누워 지내자 자주 편지를 보내곤 했는데, 어느 날인가는 할 말이 떠오르지 않아 토끼 이야기를 만들어 보냈다고 해요. 자신이 키우던 토끼들을 모델로 만든 이야기였지요. 나중에 이 이야기를 책으로 펴내려고 여러 출판사에 원고를 보냈지만, 한낱 토끼 이야기에 관심을 보이는 출판사는 없었어요.

> "작가는 이야기의 첫 줄을 쓸 때 남다른 즐거움을 느낀다. 다음이 어떻게 이어질지 독자들은 절대 모르니 말이다."

결국 비어트릭스는 직접 책을 만들어 가족과 친구들에게 나누어 주었어요. 이를 본 프레더릭 원 출판사에서 1902년, 드디어 손바닥만 한 판형의 《피터 래빗 이야기》를 정식 출간했고, 곧바로 엄청난 성공을 거두었지요. 비어트릭스는 서둘러 피터 래빗과 친구들의 다음 이야기를 만들어야 했답니다. 그러는 동안 담당 편집자 노먼 원과 사랑에 빠졌고, 두 사람은 결혼을 약속했어요. 하지만 얼마 지나지 않아 노먼이 백혈병으로 세상을 떠나자 비어트릭스는 깊은 슬픔에 빠졌어요.

비어트릭스의 상처를 따뜻하게 감싸 준 것은 바로 자연이었어요. 특히 잉글랜드 서북부의 '레이크지방(호수가 많은 지역)'은 비어트릭스에게 마음의 고향 같은 곳이었지요. 비어트릭스 포터는 이곳 농장을 사들여 자주 머물렀고, 피터 래빗 이야기 28편을 만들었어요. 그 밖에도 피터 래빗 인형이나 찻잔과 슬리퍼, 보드게임 등 여러 가지 관련 상품을 만들었어요. 꼬마 토끼 피터는 동화 주인공에서 상표 이름이 된 최초의 캐릭터예요.

비어트릭스 포터는 책을 써서 번 돈으로 레이크지방에 더 많은 땅을 사들였어요. 재산을 늘리기 위해서가 아니라, 마구잡이로 개발되는 레이크지방을 보호하려는 목적이었지요. 비어트릭스는 '내셔널 트러스트'라는 환경 단체 일을 도왔는데, 이들은 오래도록 보존할 가치가 있는 자연이나 문화유산을 공공 자금으로 사들여 보호하는 활동을 했어요. 비어트릭스가 죽기 전에 기부한 1600만 제곱미터가 넘는 어마어마한 땅은, 내셔널 트러스트 운동이 전 세계로 퍼지는 데 중요한 밑거름이 되었지요. 비어트릭스의 의지로 레이크지방은 오늘날까지 자연의 아름다움이 그대로 보존되어 많은 관광객들의 발길이 이어지고 있어요. 비어트릭스는 47살에 자신과 뜻을 함께하는 변호사 윌리엄 힐리스와 결혼해서 레이크지방에 자리 잡았어요. 둘은 함께 자연을 보호하고 가난한 이웃을 돕는 활동을 하고, 또 직접 양을 치는 농장 일도 하면서 남은 평생을 행복하게 살았지요.

> "우리는 평생 집에서만 살 수는 없다. 그러므로 자연과 친해져야 하고, 이를 모험으로 생각해야 한다."

세상을 움직이다

피터 래빗 시리즈는 세상에 나온 지 100년이 훌쩍 넘은 오늘날에도 전 세계에서 해마다 200만 권 넘게 팔리고 있어요. 비어트릭스는 어린이 책과 일러스트레이션이 얼마나 가치 있고 매력적인 예술 활동인지 증명했고, 상업적인 성공 가능성도 열어 주었지요. 어린이를 위해 쓰인 이야기가 드물었던 시대에, 비어트릭스의 영향으로 점점 더 많은 작가들이 아름다운 그림이 담긴 동화와 그림책을 발표하며 어린이들에게 즐거움을 선물했답니다. 또한 아름다운 자연을 보호하는 일에 앞장서면서 막대한 재산을 아낌없이 기부한 그의 행동이 많은 사람들에게 본받을 만한 모범이 되고 있어요.

《피터 래빗 이야기》를 비롯한 비어트릭스 포터의 대표작들

코코 샤넬

여성 패션의 혁신을 일으킨 패션 디자이너

재주 많은 소녀

가브리엘 보뇌르 샤넬은 1883년 프랑스 소뮈르에서 여섯 남매 가운데 둘째로 태어났어요. 일찍이 어머니가 세상을 떠났고, 전국을 돌아다니며 영업 일을 하던 아버지는 자녀를 돌볼 여력이 없었어요. 가브리엘은 수녀들이 운영하는 보육원에서 살게 되었고, 여기서 배운 바느질과 자수, 다림질은 앞으로의 삶에 밑거름이 되었지요.

가브리엘은 18살 때 보육원을 나와서 물랭이라는 도시로 갔어요. 낮에는 보조 재봉사로 일하고, 밤에는 '코코'라는 이름으로 클럽 무대에서 노래를 불렀지요. 하지만 가수 활동은 적성에 맞지 않았어요. 1910년, 코코 샤넬은 친구의 도움으로 대도시 파리에 가서 모자 가게를 열었어요. 뛰어난 재능으로 사업이 번창하자 이번에는 휴양 도시 도빌에 더 큰 옷 가게를 열었고, 문을 연 지 6년 만에 빌린 돈을 모두 갚을 만큼 큰 성공을 거두었어요.

> "누구도 대신할 수 없는 사람이 되려면 언제나 다른 사람들과 달라야 한다."

멋스러움과 편안함을 동시에

코코 샤넬은 낡은 스웨터를 잘라서 만든 원피스로 큰 인기를 끌었어요. 편한 옷에 멋스러운 디자인을 더하는 것은 코코 샤넬이 추구하는 패션의 핵심이었어요. 코코는 여성들이 꽉 조이는 코르셋과 거추장스러운 속치마에서 벗어날 수 있게 했어요. 치마와 원피스의 길이를 과감하게 줄였고, 여성용 바지도 만들었지요. 덕분에 여자들도 옷차림에 얽매이지 않고 남자들처럼 자전거를 타거나 빨리 걸을 수 있게 되었답니다.

코코 샤넬이 만든 옷뿐만 아니라 그 자신도 남다른 매력을 뽐냈어요. 많은 사람이 코코의 차림새를 따라 하고 싶어 했지요. 특히 소년처럼 짧게 자른 머리 모양은 1920년대에 큰 인기를 끌었어요. 코코 샤넬은 향수를 만들고 마음속 행운의 숫자를 이름으로 정하기도 했어요. '샤넬 No. 5'는 디자이너의 이름이 붙은 최초의 향수로, 시대를 뛰어넘어 오늘날까지 인기를 끌고 있어요.

> "명품은 편안해야 한다. 그렇지 않으면 명품이 아니다."

코코 샤넬이 디자인한 옷들 또한 오늘날에도 여전히 인기가 높아요. 코코가 단순한 디자인의 검정 원피스 '리틀 블랙 드레스'를 세상에 내놓기 전, 검정색은 보통 상복에나 쓰였어요. 코코는 검정색 옷이 얼마나 세련되고도 실용적인지 전 세계에 알렸지요. 또 '샤넬 슈트'로 알려진 카디건 스타일의 슈트는 편안함과 우아함을 동시에 갖추었다는 평가를 받았어요. 이 디자인은 남성 패션에서 아이디어를 얻은 것으로, 이전까지 누구도 시도하지 않았던 도전이었답니다.

코코 샤넬의 패션 사업은 1920년대에 들어 더욱 번창했어요. 이번에는 부유한 집안 여성들만 착용할 수 있던 진짜 보석 대신 모조 보석을 출시해서, 누구나 멋진 패션을 위한 액세서리로 보석을 착용할 수 있도록 했지요. 코코는 예술계에서도 환영받으며 발레 의상을 디자인하기도 했고, 파블로 피카소 같은 화가들과도 가깝게 지냈지요.

전 세계가 금융 위기를 겪으며 패션에 대한 관심이 줄어든 때에도, 코코 샤넬의 사업만큼은 여전히 번창했어요. 하지만 제2차 세계 대전이 일어났을 때는 모든 가게의 문을 닫고 직원들을 내보내야 했지요. 코코 샤넬은 15년 동안 패션계를 떠나 스위스에 머물렀어요. 그러다 71살이 된 1954년 "지루해 죽겠다."며 파리로 돌아왔지요. 그리고 특유의 우아하면서도 편안한 디자인으로 여성들의 마음을 사로잡으며 다시 패션계의 선두 주자로 올라섰어요.

코코가 만든 첫 향수 샤넬 №5. 처음 나온 1920년대부터 지금까지 같은 디자인을 유지하고 있다.

반려견 지고와 함께 있는 코코

세상을 움직이다

코코 샤넬의 삶은 지금까지 많은 책에서 다루어졌고, 뮤지컬과 영화로 제작되기도 했어요. 가브리엘 코코 샤넬이 살아온 삶이 그가 디자인한 옷만큼이나 매력적이기 때문이지요. 코코 샤넬은 여성을 갑갑하게 옥죄던 옷에서 벗어나 패션계의 흐름을 완전히 바꾸었어요. 멋과 편안함의 조화를 꾀한 코코 샤넬의 디자인은 100년이 지난 지금까지도 많은 이들에게 사랑받고 있답니다.

가브리엘 보뇌르 '코코' 샤넬

"가장 용기 있는 행동은 스스로 생각하고 당당하게 표현하는 것이다."

빌리 홀리데이

재즈 역사상 가장 위대한 가수

가난하고 처절했던 어린 시절

1915년 미국 펜실베이니아주 필라델피아에서 10대 소녀가 아이를 낳았어요. 아이가 태어나기도 전에 아버지는 둘을 버리고 떠나 버렸지요. 아이는 어린 시절 지독한 가난에 허덕이며 힘들게 살았어요. 하지만 훗날 재즈 음악 역사에서 가장 훌륭한 가수가 되지요. 바로 빌리 홀리데이예요. 그는 어린 시절 기억을 이렇게 말하곤 했어요. "나는 다른 아이들처럼 인형을 갖고 놀아 본 적이 없어요. 6살 때부터 일해야 했으니까요."

빌리는 외가가 있는 볼티모어로 이사했고, 일찌감치 돈벌이에 나섰어요. 이웃의 잔심부름을 하거나 청소를 해 주는 일로 푼돈을 벌었지요. 잠시 학교에 다니기도 했지만, 학교에 빠지는 일이 잦았고 보호 감호소에 보내진 적도 있었어요. 12살 무렵에는 백인 남성에게 성폭행을 당했어요. 어린 흑인 소녀가 감당하기에 삶은 너무도 가혹하기만 했지요.

하얀 치자꽃을 머리에 꽂은 빌리 홀리데이

> **"다른 누군가처럼 노래할 거라면 노래 부를 이유가 없다."**

빌리에게 음악은 다른 세상으로 통하는 유일한 탈출구였어요. 당시 볼티모어에서는 재즈 음악이 인기였고, 덕분에 빌리도 재즈 음악에 자연스럽게 빠져들었어요. 빌리는 이웃집 마룻바닥을 닦는 동안 울려 퍼지는 재즈 가수 '루이 암스트롱'이나 '베시 스미스'의 음반을 들으며 따라 부르곤 했지요. 빌리는 15살 때 어머니를 따라 뉴욕으로 이사했고, 할렘의 클럽에서 재즈 가수로 첫 무대에 올랐어요. '엘리어노라 페이건'이라는 원래 이름 대신, 좋아하는 영화배우 이름과 아버지로 짐작되는 이의 성을 가져와 '빌리 홀리데이'라는 예명으로 활동했지요. 3년 뒤에는 유명한 밴드와 함께 공연할 기회까지 얻었어요.

빛나는 성공 뒤의 슬픔

빌리의 삶은 달라졌어요. 오늘날까지도 사랑받는 대표곡들이 쏟아졌으니까요. 〈작은 달빛은 무엇을 할 수 있을까(What a Little Moonlight Can Do)〉는 1935년 20살 때에 녹음한 곡이에요. 이듬해에는 조지 거슈윈이 만든 오페라 〈포기와 베스〉의 삽입곡 〈여름날(Summertime)〉을 불러 엄청난 인기를 끌었어요. 빌리 홀리데이는 색소포니스트 레스터 영, 피아니스트 카운터 베이시 등 그 시대에 가장 유명했던 재즈 연주가들과 함께 공연했어요. 1938년에는 지휘자 아티 쇼와 한 무대에 올랐고, 백인 오케스트라와 함께 공연한 최초의 흑인 여성이 되었답니다.

우아하게 노래하는 '레이디 데이'

이즈음 빌리는 〈이상한 열매(Strange Fruit)〉라는 노래를 알게 되었어요. 고등학교 교사 에이블 미어로폴이 백인들에게 살해당한 채 나무에 매달린 흑인 남자 사진을 보고 충격받아 쓴 노래였지요. 빌리 홀리데이는 이 곡을 '카페 소사이어티'에서 처음 불렀어요. 흑인은 공연장에 발을 들이기도 어려웠던 당시에, 뉴욕에서 처음으로 인종에 상관없이 누구나 음악을 즐기도록 한 클럽이에요. 〈이상한 열매〉를 앨범으로 정식 발표하고 공연하기까지 엄청난 방해가 있었지만, 결국 인종 차별에 맞서는 최초의 노래로서 대중들에게 폭발적인 반응을 일으켰어요.

카페 소사이어티 무대에서 하얀 치자꽃을 머리에 꽂은 채 고개를 뒤로 살짝 젖히고 노래하는 모습은 빌리 홀리데이를 상징하는 이미지가 되었어요. 빌리의 음악 세계도 조금씩 달라졌어요. 그는 노래를 통해 인간의 영혼과 감정을 더 강렬하게 표현하기 시작했어요. 1941년에 발표한 노래 〈그 아이에게 하느님의 축복을(God Bless the Child)〉에서는 어린 시절 자신이 겪은 가난과 고통을 노래했어요.

> **"친구들이 없다면 나는 가진 것이 하나도 없는 사람일 뿐이다."**

흑인 최초로 〈타임〉지에 사진이 실린 빌리 홀리데이

젊은 날의 우상 루이 암스트롱과 함께한 빌리 홀리데이

1945년 어머니가 세상을 떠나자 빌리는 깊은 슬픔에 빠졌어요. 빌리 홀리데이는 재즈 가수로서 큰 성공을 거두었지만, 늘 불행하고 외롭다고 느꼈어요. 급기야 술과 약물에 손을 댔고, 몸과 마음은 점점 더 병들어 갔어요. 1952년부터 1959년까지 빌리는 새 음반을 100장이나 냈고, 뉴욕 카네기 홀 공연에서는 모든 좌석이 매진될 만큼 대단한 인기를 끌었어요. 수많은 상을 받고 외국에서도 공연했지요. 하지만 빌리가 그토록 바라는 행복은 그 어디에서도 찾을 수 없었답니다.

> **"때로는 싸움에서 지는 것이 이기는 것보다 낫다."**

세상을 움직이다

빌리 홀리데이는 끝내 불행을 이겨 내지 못하고 44살 나이에 삶을 마쳤어요. 악보 읽는 법조차 배운 적 없는 타고난 음악 천재에 전 세계를 사로잡은 재즈 가수였지만, 평생 무언가를 잃어버린 듯 허전함에 목말라 있었어요. 그 슬픔이 빌리의 노래를 아름답게 만든 밑거름이기도 해요. 빌리 홀리데이는 풍부한 감성과 힘 있는 목소리로 노랫말을 정확하고 절실하게 표현하여 듣는 이의 영혼을 울렸어요. 빌리 홀리데이는 길지 않은 삶을 살다 갔지만, 역사상 가장 위대한 재즈 가수라는 평가에 모자람이 없는 음악을 남겼지요.

안나 파블로바
끝없는 노력으로 탄생한 최고의 발레리나

안나 마트베예브나 파블로브나 파블로바

발레리나를 꿈꾼 소녀

안나 파블로브나 파블로바는 1881년 어느 매섭게 추운 겨울날, 러시아 상트페테르부르크에서 태어났어요. 아버지는 안나가 2살 때 세상을 떠났고, 어머니가 홀로 삯빨래로 어린 안나를 키웠어요. 어머니는 살림이 어려워도 열심히 안나를 돌보았지요. 어느 날 어머니가 어렵게 구해 온 표로 안나는 난생처음 발레 공연〈잠자는 숲속의 미녀〉를 보았고, 곧바로 발레와 사랑에 빠졌어요. 자신도 무대 위에서 우아하고 아름답게 춤추는 발레리나가 되기로 마음먹었지요.

어린 시절의 안나 파블로바

"인간은 누구나 행복해질 권리가 있다."

"멈추지 말고 꿈을 좇는 것, 그것이 바로 성공의 비결이다."

당시 러시아에는 오늘날까지도 유명한 세계 최고의 발레 교육 기관 '황실 발레 학교'가 있었어요. 안나 파블로바는 고작 8살이었지만, 꼭 발레 학교에 들어가고 싶었어요. 그래서 오디션에 도전하여 재능을 뽐냈지만, 나이가 어리고 너무 말랐다는 이유로 탈락하고 말았어요. 안나는 포기하지 않고 2년 뒤에 다시 도전하여 결국 입학을 허가받았어요. 발레리나를 향한 꿈에 조금씩 다가가기 시작한 거예요.

안나 파블로바는 정말 열심히 노력하는 학생이었어요. '빗자루'라고 별명이 붙을 만큼 비쩍 마르고 키가 큰 탓에 강한 힘이 필요한 동작에서 다른 학생들보다 조금 뒤처졌지만, 안나는 포기하지 않았어요. 스스로 연구하고 고민하여 발레 슈즈를 탄탄하게 고쳤고, 덕분에 발끝으로 서는 동작을 누구보다 아름답게 표현했어요. 어린 시절 안나는 춤을 출 때 온몸이 부들부들 떨릴 만큼 근육에 힘이 모자랐어요. 하지만 쉴 새 없이 연습함으로써 자신만의 발레 스타일을 만들었답니다.

백조를 사랑한 발레리나

20세기 초반의 발레는 오늘날 모습과 조금 달랐어요. 무용이라기보다 체조나 곡예에 가까웠지요. 하지만 안나는 신체 조건의 한계 때문에, 아무리 연습해도 높은 점프나 여러 차례의 회전 동작을 정확하게 표현하기는 어려웠어요. 그 대신 안나 파블로바는 가벼운 떨림으로 감정을 표현하고 우아하고 섬세한 동작으로 이야기를 전달하는 쪽으로 자신만의 발레 스타일을 만들어 갔지요. 안나의 극적이고 아름다운 춤가락은 다른 무용수들과 확실히 달랐어요.

〈빈사의 백조〉를 공연하는 안나 파블로바

안나 파블로바는 그 매혹적인 표현력 덕분에 모든 발레 공연에서 주인공을 맡으면서 점점 더 이름을 날렸어요. 사람들은 안나의 대표적인 솔로 작품 〈빈사의 백조〉에 특히 열광했지요. 이는 안나를 위해 창작된 작품으로, 섬세한 아름다움을 표현하는 안나에게 잘 어울렸지요.

안나는 유럽 대륙을 돌며 발레 공연을 했고, 이후에는 전 세계로 무대를 넓혀 한 번도 발레를 보지 못한 사람들을 찾아다녔어요. 외진 곳에 살거나 가난해서 공연을 접하기 어려운 사람들에게도 발레의 아름다움을 알려야 한다고 생각했기 때문이지요. 또 안나는 인도에서 에스파냐까지 여러 나라의 고전 무용을 연구하고, 배울 점을 찾아내 익혔어요.

세계를 무대로 활동하는 동안에도 안나 파블로바는 러시아를 잊지 않았어요. 프랑스 파리에 러시아에서 망명한 어린이를 위한 보육원을 열어 따뜻하게 보살피기도 했지요. 안나는 아이들 못지않게 동물도 사랑했어요. 특히 백조를 좋아해서 런던에는 호수가 딸린 집을 마련했고, 백조 여러 마리를 키웠지요. 우아한 백조의 모습에서 영감을 얻기도 했어요.

50살 무렵 어느 겨울, 안나 파블로바는 다음 공연을 위해 이동하다가 지독한 폐렴에 걸렸어요. 의사는 당장 수술하라고 권했지만, 안나는 '춤을 추지 못할 바에야 죽는 것이 낫다'며 수술을 거부하고 무대에 올랐어요. 죽음의 문턱에 선 순간, 안나는 깃털로 장식한 발레복을 품에 안았어요. 마지막으로 무대에 올라 백조 연기를 하는 모습을 꿈꾸었는지도 몰라요.

집에서 키우던 백조들과 함께한 안나

" 재능만으로는 최고의 자리에 오를 수 없다. 노력이 재능을 천재성으로 바꾼다. "

세상을 움직이다

안나 파블로바는 이전까지 곡예에 가까웠던 발레에 마법 같은 표현력과 감성을 더해 완전히 새로운 예술 장르로 만들었어요. 그는 전 세계 사람들에게 사랑받으며 발레를 누구나 즐길 수 있는 예술로 발전시켰어요. 안나의 춤은 인간의 몸이 가진 우아함과 아름다움을 가장 잘 보여 주었답니다.

미라 바이

인도의 시인이자 가수, 성인

특별한 선물

미라 바이는 16세기 초 인도 북부 라자스탄의 왕족으로 태어났어요. 미라는 3살 때 어느 떠돌이 승려에게 조그만 크리슈나 인형을 선물받았어요. 크리슈나는 힌두교의 최고신 비슈누의 화신으로 추앙받는 존재예요. 미라의 아버지는 딸이 이 특별한 선물의 의미를 아직 이해하지 못할 거라 생각하고 잠시 인형을 맡아 두려 했어요. 하지만 미라는 크리슈나 인형이 무척 마음에 들었어요. 아버지가 돌려줄 때까지 아무것도 먹지 않았고, 결국 인형을 다시 품에 안게 되었지요. 그때부터 미라는 평생 크리슈나를 따르고 사랑하기로 마음먹었답니다.

미라 바이의 모습을 현대적으로 그린 그림

> **"사랑을 잊지 마세요. 사랑은 당신에게 필요한 열정을 가져다줄 거예요."**

크리슈나에게 바치는 노래

몇 년이 지난 어느 날, 미라 바이와 어머니 앞으로 결혼 행렬이 지나갔어요. 미라는 혼잣말로 중얼거렸지요. "내 남편은 누구일까?" 그러자 어머니가 농담처럼 말했어요. "미라, 네 남편은 벌써 있잖니. 크리슈나 말이야!" 미라가 힌두교의 신성한 존재인 크리슈나를 얼마나 사랑하는지 잘 알았던 어머니는 신앙심 깊은 딸을 지지하고 응원했어요. 하지만 안타깝게도 미라가 어른이 되기 전에 어머니는 세상을 떠나고 말았지요.

결혼할 나이가 된 미라는 전통에 따라 아버지가 고른 신랑감 보주라주 왕자와 결혼했어요. 남편의 집안은 부유하고 권력도 있었지만, 미라는 새로운 삶이 행복하지 않았어요. 허전한 마음을 달랠 길은 크리슈나를 숭배하고 그를 위해 노래하는 것뿐이었지요. 시집 식구들은 이런 미라의 행동을 좋아하지 않았어요. 깊은 신앙심과 직접 지은 찬가로 유명해진 미라를 질투하기도 했어요. 그러나 크리슈나를 향한 미라의 진실한 마음은 전혀 흔들리지 않았답니다.

미라 바이는 크리슈나에 바치는 찬가 〈바잔〉을 만들었어요. 그 노래는 점점 더 널리 알려졌고, 많은 사람들이 따라 부르게 되었어요. 미라의 이름은 무굴 제국의 아크바르 황제에게까지 전해졌어요. 무굴 제국은 이슬람교가 바탕이 된 나라로, 힌두교도인 미라의 시집과는 사이가 좋지 못했지요.

인도 라자스탄에 있는 미라 사원

> **"산을 들어 올릴 만큼 강한 영적 힘이 없었다면, 내가 어떻게 살 수 있겠는가?"**

다른 종교에도 관심이 많았던 아크바르 황제는 '성스러운 공주'로 통하는 미라와 만나 보고 싶었어요. 그래서 거지 모습으로 미라의 집에 찾아갔고, 존경의 뜻으로 아름다운 보석 목걸이를 선물했지요.

질투가 심한 미라의 남편은 목걸이를 보자마자 버럭 화를 내며 미라에게 스스로 목숨을 끊으라고 강요했어요. 그 시대 여자들은 남편의 말이라면 무조건 따라야 했기에, 미라는 순순히 강물로 걸어 들어갔어요. 그때 물에 비친 크리슈나의 모습을 보았어요. 크리슈나는 미라에게 죽지 말고 브린다반으로 가라고 말했어요. 그곳은 크리슈나 신이 나타나 은혜를 베푼 곳으로 유명한 성지였지요. 미라는 곧장 크리슈나의 부름에 따랐어요.

> "한밤중에 흘리는 뜨거운 눈물이 그대를 신에게 데려갈지니."

이후 미라의 남편은 잘못을 뉘우치고 집으로 돌아와 달라고 부탁했어요. 미라는 부탁을 거절할 수 없었지요. 그런데 얼마 뒤 남편이 세상을 떠나자, 이번에는 시집에서 '서티'를 강요했어요. 이는 고대 인도의 악습으로, 죽은 남편을 화장할 때 아내가 불 속에 뛰어들어 따라 죽는 풍습이에요. 이번만큼은 미라가 용기를 냈어요. 자신의 진짜 남편은 아직 살아 있는 크리슈나이기 때문에 그럴 수 없다고 당당히 말했지요.

미라, 또는 미란 바이라고도 전해져요.

시집 식구들은 미라를 끈질기게 괴롭혔어요. 외출을 막고, 심지어 미라를 죽이려고까지 했어요. 미라는 가까스로 궁궐에서 도망쳐 브린다반으로 돌아갔어요. 그곳에서는 자유롭게 크리슈나를 찬양할 수 있었어요. 미라 바이는 죽는 순간까지 크리슈나를 섬겼어요. 육신을 떠난 미라의 영혼은 사원에 나타난 크리슈나의 품에 안겼다고 전해집니다. 크리슈나를 향한 진실한 사랑이 마침내 이루어진 거예요.

미라 바이의 조각상. 오늘날 인도 북부에서 성인으로 추앙받고 있다.

세상을 움직이다

미라 바이가 크리슈나에게 바친 많은 찬가는 오늘날까지 수백만 힌두교 신자들에게 감동을 주고 있어요. 미라는 공주로 태어났지만 스스로 부유하고 호화로운 삶을 버리고 거리를 떠도는 거지로 살았어요. 미라에게 중요한 것은 오직 크리슈나를 섬기는 마음뿐이었으니까요. 미라 바이에게 믿음은 한때 시련을 주기도 했지만, 결과적으로 삶 전체를 사랑과 기쁨으로 채워 주었답니다.

마야 앤절로

전방위 예술가이자 인권 운동가

새장에 갇힌 새

마야 앤절로는 1928년 미국 미주리주 세인트루이스에서 태어났어요. 원래 이름은 마거리트 애니 존슨이지요. 마야는 3살 때 부모님이 이혼하자, 오빠 베일리와 함께 아칸소주의 작은 도시 스탬스에 있는 할머니 집에서 살게 됐어요. 베일리는 마거리트를 제대로 발음하지 못해서 '마야'라고 불렀고, 그때부터 마거리트는 쭉 마야라는 별명으로 불렸지요. 마야 앤절로는 겨우 7살 때 삶에서 가장 끔찍한 시련을 겪었어요. 어머니 집에 갔다가 어머니의 남자 친구에게 성폭행을 당한 거예요. 마야는 이 충격으로 5년 동인이나 말문을 닫아 버렸답니다.

다시 스탬스로 돌아온 마야에게 이웃에 사는 교사 플라워스 부인이 '책'이라는 친구를 권했어요. 어떤 책은 큰 소리로 읽으면 좋다는 것도 가르쳐 주었지요. 마야는 책을 읽으며 조금씩 목소리를 되찾았어요. 학교 성적도 뛰어났지요. 마야에게 책과 글쓰기는 마음 놓고 행복과 자유를 누릴 수 있는 유일한 세상이었어요.

젊은 시절의 마야 앤절로와 대표작 《새장에 갇힌 새가 왜 노래하는지 나는 아네》

마야 앤절로

침묵을 깨고 노래하다

10대가 되어 샌프란시스코로 이사한 마야는 장학금을 받으며 무용과 연기를 공부했어요. 또 아프리카계 미국 여성으로서는 최초로 전차 차장 일을 했어요. 마야는 17살에 미혼모가 되었고, 아들을 키우기 위해 무용수, 요리사, 자동차 정비공 등 온갖 일을 닥치는 대로 했어요. 나중에 마야는 그리스 출신 선원 '토시 앤절로스'와 결혼하면서 남편의 성을 따라 '마야 앤절로'라는 새 이름을 갖게 되었어요.

20대 후반에 마야 앤절로는 열정적인 춤을 추는 공연 예술가로 이름을 날렸어요. 〈포기와 베스〉 같은 유명 오페라를 비롯해 여러 나라를 돌아다니며 수많은 무대에 섰지요. 그러나 마야가 더 많은 힘을 쏟은 일은 인권 운동이었어요. 여성에 대한 폭력이 사라지고 흑인이 차별받지 않는 세상을 만드는 일에 힘을 보태려 애썼지요. 마야는 미국에서 배우로 성공했지만, 한곳에 머물기를 원치 않고 이집트, 가나 등에 가서 다양한 경험을 쌓기도 했어요.

> "삶이 내게 준 임무는 그저 삶을 이어 가는 것이 아니라 아름답게 꽃피우는 것이다."

그러는 동안에도 글쓰기를 멈추지 않았어요. 특히 자신이 살아온 이야기를 쓰면서부터는 삶이 달라지기 시작했어요. 친구이자 소설가인 제임스 볼드윈의 권유로 쓴 《새장에 갇힌 새가 왜 노래하는지 나는 아네》는 마야가 어린 시절과 10대 시절의 이야기를 담은 작품으로, 1969년 출간되자마자 미국에서 아프리카계 여성 작가가 쓴 에세이로는 처음으로 베스트셀러가 되었어요.

세계적인 작가로 떠오른 마야 앤절로는 이후 희곡, 시나리오, 에세이, 요리책, 어린이 책, 시집 등 다양한 작품을 쓰고, 여러 차례 문학상도 받았어요. 마야는 자신이 살아온 이야기를 다룬 작품을 꾸준히 펴냈어요. 평생 36권의 책을 썼는데, 대부분이 베스트셀러에 올랐지요. 1993년 빌 클린턴 대통령의 취임식에서는 직접 지은 축시 〈아침의 맥박〉을 낭독하기도 했답니다.

> **"새장에 갇힌 새가 왜 노래하는지 나는 아네."**

마야는 끊임없이 한계를 뛰어넘어 새로운 세상으로 발을 내디뎠어요. 아프리카계 미국 여성 최초로 영화의 각본을 썼고, 영화 음악을 작곡하고, 감독으로도 활동했어요. 또 드라마에 출연하여 에미상 후보에 오르고, 연극에 출연하여 토니상 후보에 오르는 등, 온갖 예술 분야를 넘나들며 놀라운 성과를 만들어 냈어요. 전 세계 대학들로부터 50개 넘는 명예 학위를 받았고, 버락 오바마 대통령으로부터 필라델피아 자유 메달을 받기도 했지요.

하지만 마야 앤절로의 삶에는 늘 슬픔이 배어 있었어요. 어릴 때 당한 끔찍한 사건부터 성장하면서 겪은 인종 차별까지, 마야가 지나온 인생 여정은 순탄치 않았어요. 함께 인권 운동을 하며 가깝게 지냈던 맬컴 엑스와 마틴 루터 킹 목사가 살해되는 아픔을 겪기도 했지요. 하지만 마야는 슬픔을 이겨 내고 여러 친구들과 어울리며 즐겁고 활기차게 살기 위해 애쓴 강인한 여성이었어요. 더 나아가 세상을 탐험하고, 감동적인 글과 연설을 통해 많은 이들의 삶에 영향을 미쳤지요.

> **"무언가가 마음에 들지 않으면 그것을 바꾸세요. 그럴 수 없다면 자신의 태도를 바꾸면 됩니다."**

세상을 움직이다

마야 앤절로는 어린 시절 겪은 충격으로 오랫동안 말을 할 수 없었지만, 훗날 세상에서 가장 영향력 있는 연설가가 되었어요. 깊고 그윽한 목소리로 자신의 생각을 전 세계에 전했지요. 마야는 문학과 예술을 무기 삼아 차별 없이 모두가 함께하는 세상을 만들기 위해 싸웠고, 흑인 역사를 탐구했으며, 여성에게 잠재된 힘을 끌어내려 노력했어요. 위대한 작가이자 배우, 각본가, 무용가, 역사가, 여행가, 교사, 개척자, 시인, 그리고 모두의 친구였던 마야 앤절로는 자신의 시에서 말한 바와 같이 '경이로운 여성' 그 자체였답니다.

마음을 움직이는 연설가 마야 앤절로

조지아 오키프

새로운 화풍을 만든 미국 화가

재능이 남다른 아이

조지아 토토 오키프는 1887년 미국 위스콘신주의 대농장에서 일곱 남매 중 둘째로 태어났어요. 어린 시절부터 조지아는 그림 그리기를 좋아했고, 딸의 재능을 알아본 부모님은 미술 과외 수업을 받도록 해 주었어요. 조지아의 예술가 기질은 집안 내림으로, 친할머니와 외할머니, 또 조지아의 두 자매도 모두 그림 그리기를 좋아했답니다. 부모님은 어릴 때부터 야무지고 독립심이 강했던 조지아가 자유롭게 꿈을 펼치도록 지원하고 격려했어요.

한계를 뛰어넘다

조지아 오키프는 고등학교를 졸업한 뒤 시카고와 뉴욕에서 미술을 공부했어요. 이때 유럽이나 미국 출신 사진작가와 화가 들의 참신하고 현대적인 작품을 많이 접했지요. 그러나 아버지가 사업에 실패하고 어머니도 병이 나면서 더는 학비를 지원받기 어려워졌어요. 그래도 조지아는 미술 교사로 일하며 돈을 벌어 그림 공부를 계속했어요. 작품에 실험적인 요소를 더하기 시작한 것은 이때부터였답니다.

1930년에 찍은 조지아 오키프 사진

조지아는 자기 생각을 표현할 방식을 찾는 데 집중했어요. 1915년, 28살의 나이에 완성한 목탄화들은 미국 최초의 추상화 작품 가운데 하나라고 평가받고 있어요. 추상화는 그리고자 하는 대상을 자연 상태처럼 현실적으로 보여 주지 않고, 색채와 형태를 이용해 작가의 생각을 표현하는 그림이에요. 당시 유럽에서는 피카소, 칸딘스키, 몬드리안 같은 화가들이 새로운 표현 방식을 시도하여 혁신을 일으키고 있었어요. 이때 미국에서는 조지아 오키프가 자기만의 대담하고 새로운 작업 방식으로 미술의 한계를 뛰어넘었다는 평가를 받는답니다.

조지아 오키프의 작품성을 가장 먼저 알아본 사람은 미술품 중개상이자 사진작가인 앨프리드 스티글리츠예요. 그는 조지아의 작품을 대중에게 널리 알렸어요. 그러는 동안 두 사람은 사랑에 빠졌고, 부부가 되었어요. 1920년대에 조지아는 뉴욕의 마천루와 꽃을 주제로 한 그림을 자주 그리면서, 이제껏 누구도 하지 않았던 시도를 했어요. 그리려는 대상을 아주 가까이에서 바라본 가장 기본적인 모양새로 단순화한 거예요. 이제 조지아 오키프는 미국에서 가장 중요한 화가로 떠올랐어요. 미술계의 새로운 흐름을 이끌었고, 당시 이 분야에서 여성으로는 유일했으니까요.

"어떤 예술 분야든 자기 세계를 창조하는 데는 용기가 필요하다."

조지아 오키프가 그린 〈흰독말풀(하얀 꽃 #1)〉 (1932년)

조지아 오키프의 삶과 예술은 1929년에 떠난 뉴멕시코 여행으로 완전히 달라졌어요. 사막 풍경과 황토 흙집, 푸에블로 인디언의 전통 예술과 문화는 조지아에게 커다란 영감을 주었지요. 특히 사막 한가운데 자리한 도시 샌타페이에 마음을 사로잡혀, 그곳에 집을 짓고 평생을 살았어요. 조지아는 아름답고 쓸쓸한 고지대 사막을 배경으로 죽은 소의 머리뼈나 구름 등 그곳에서 만난 자연을 그림에 담아냈어요. 조지아 오키프의 대표작은 대개 이 시기에 완성되었답니다.

> "다른 방식으로 말할 수 없는 것들, 말로 표현하기 어려운 것들을 색채와 형태로 나타낼 수 있음을 깨달았다."

1946년 뉴욕 현대 미술관에서 조지아 오키프 작품전이 열렸어요. 여성 화가로는 첫 단독 전시회였지요. 이때 조지아는 왕성한 창작력으로 이름을 날렸지만, 같은 해에 남편이 세상을 떠나면서 불안증에 시달렸고, 이를 극복하기 위해 세계 여행을 시작했어요. 훗날 나이가 많이 들어 시력이 나빠졌을 때도 조지아는 그림 그리기를 포기하지 않았어요. 90살의 나이에도 "내 눈에는 아직 내가 그리고 싶은 것이 보인다. 창작력을 자극하는 무언가가 여전히 저기 있다."라고 말할 정도였어요. 조지아 오키프는 98살에 삶을 마치기까지 끊임없이 그림을 그렸어요.

조지아 오키프와
〈흰 장미를 단 말의 머리뼈〉(1931년)

세상을 움직이다

조지아 오키프는 이전까지 찾아볼 수 없었던 색다른 화풍으로 미국 미술계에 새로운 바람을 일으켰어요. 조지아의 그림은 자신만의 확고하고 대담하면서도 아름다운 방식으로 주변 세계를 해석한 결과물이었어요. 조지아 오키프가 선보인 수천 점의 작품은 훗날 화가들에게 창작의 경계를 무너뜨릴 수 있는 용기를 불어넣었고, 미술계가 여성에게도 활짝 문을 여는 계기가 되었어요.

조지아 토토 오키프

> "나는 삶의 단 한 순간도 두렵지 않은 적이 없다. 하지만 두려움이 내가 하고 싶던 유일한 일을 방해하도록 내버려 둔 적은 결코 없다."

상상력과 창의력

에밀리 브론테
강렬하고 비극적인 단 한 권의 소설을 남긴 작가

사랑을 떠나보내다

에밀리 제인 브론테는 1818년 영국 요크셔 지방의 손턴이라는 마을에서 여섯 남매 중 다섯째로 태어났어요. 목사이자 작가였던 아버지를 닮아, 여섯 남매가 모두 상상력이 풍부하고 책 읽기를 좋아했어요. 하지만 곧 이들에게 슬픔이 찾아왔어요.

에밀리가 3살 때, 브론테 가족은 요크셔의 작은 마을 하워스로 이사했어요. 몇 개월 지나지 않아 어머니가 암으로 세상을 떠났답니다. 큰어머니가 어머니 대신 여섯 아이들을 돌봐 주었지만, 어머니의 빈자리를 채우기에는 부족했어요. 고작 7살이던 맏딸 마리아가 어린 동생들에게 신문을 읽어 주고 놀이를 이끄는 등 맏이 역할을 톡톡히 해냈어요. 에밀리를 비롯한 동생들은 마리아를 잘 따랐지요. 그런데 몇 년 뒤 마리아와 둘째 엘리자베스마저 폐결핵으로 숨을 거두었어요.

에밀리 브론테와 여동생 앤의 유일한 초상화. 오빠 브랜웰이 그렸다.

사랑하는 가족을 연이어 떠나보낸 뒤, 남은 아이들은 더욱 똘똘 뭉쳤어요. 마을에 또래 친구가 없었지만 외롭지 않았어요. 뛰어난 상상력 덕분에 심심하거나 지루할 틈이 없었으니까요. 에밀리가 평생 학교에 다닌 시간은 고작 9개월뿐이었어요. 그러나 워낙 머리가 좋았던지라 금세 아버지에게서 글을 배웠답니다.

에밀리 제인 브론테

" 정직한 사람은 자신의 행동을 숨기지 않는다. "

" 할 수만 있다면 늘 조용히 숨어 일하고, 세상에는 내 노력의 결실인 작품으로만 알려지고 싶다. "

책을 읽을 수 있게 된 에밀리는 곧바로 글을 쓰기 시작했어요. 에밀리와 형제들은 '앵그리아'와 '곤달'이라는 상상 세계를 만들고, 그 속에서 일어나는 이야기를 지어내며 놀았어요. 아이들이 살던 현실 세계는 요크셔의 황량한 고원에 자리한 쓸쓸한 동네였지만, 상상 속 세상은 재미있는 일로 가득했어요. 그렇게 이야기를 지어내는 동안 아이들은 창작의 즐거움을 알게 되었어요.

놀라운 상상력

아버지는 딸들이 가정 교사가 되기를 바랐어요. 하지만 작가가 되고 싶던 세 자매는 그동안 몰래 써 둔 시를 모아서 책을 펴내기로 했어요. 그 시대에는 여성 작가가 드물었기 때문에, 책에는 진짜 이름 대신 남자 이름을 지어 쓰기로 했지요. 그리하여 샬럿, 에밀리, 앤의 머리글자를 딴 《커러, 엘리스, 액턴 벨의 시집》을 세상에 내놓았어요. 세 자매가 책을 내는 데 들인 돈은 50파운드(현재 물가로 약 700만 원)였지만, 팔린 책은 겨우 두 권이었어요. 오늘날 문학 평론가들은 이들 중 실제로 시에 재능이 있었던 건 에밀리뿐이라고 말한답니다.

> "나는 이제 사회 안에서 살지 않는다. 분별 있는 인간이라면 자기 안에서 충분히 친구를 찾을 수 있어야 한다."

브론테 남매의 짧은 생애
마리아 브론테
1914년 4월 23일 ~ 1925년 5월 6일
엘리자베스 브론테
1815년 2월 8일 ~ 1825년 6월 15일
샬럿 브론테
1816년 4월 21일 ~ 1855년 3월 31일
브랜웰 브론테
1817년 6월 26일 ~ 1848년 9월 24일
에밀리 브론테
1818년 7월 30일 ~ 1848년 12월 19일
앤 브론테
1820년 1월 17일 ~ 1849년 5월 28일

에밀리 브론테는 편지나 일기를 거의 남기지 않았어요. 그래서 에밀리의 삶 자체는 거의 알려진 바가 없어요. 에밀리가 쓴 유일한 소설 《폭풍의 언덕》이 세상에 나오기까지 어떤 일이 있었고, 또 얼마만큼의 시간을 들였는지는 아무도 몰라요. 하지만 《폭풍의 언덕》이 시대를 뛰어넘는 명작이라는 것만큼은 오늘날 누구나 인정하고 있어요. 《폭풍의 언덕》은 요크셔의 황량한 들판을 배경으로, 다른 사람과 결혼한 여자를 사랑하게 된 주인공 히스클리프의 고뇌와 갈등이 한 편의 시처럼 아름답고 극적으로 그려진 작품이에요. 이전까지 찾아볼 수 없던 비극적인 주제가 진지하고 강렬하게 담겨 있지요.

1847년 《폭풍의 언덕》이 처음 세상에 나왔을 때, 독자들은 이런 어두운 이야기를 받아들일 준비가 되어 있지 않았어요. 보수적인 사회 분위기 속에서 문학적 가치를 제대로 인정받지 못한 거예요. 비슷한 시기에 나온 언니 샬럿 브론테의 《제인 에어》가 출간되자마자 화제를 모은 것에 비하면 안타까운 일이었지요. 에밀리 브론테는 《폭풍의 언덕》을 세상에 내놓은 이듬해, 오랫동안 앓던 폐결핵으로 겨우 30살의 나이에 세상을 떠났어요.

세상을 움직이다

에밀리 브론테는 어디서도 본 적 없는 독특한 인물을 그리는 데 탁월한 재능이 있었어요. 에밀리의 소설 속 인물들은 다양한 감정을 섬세하게 드러내는 데다, 모두 극적인 삶을 살았지요. 에밀리와 자매들 모두가 뛰어난 문학적 재능을 지니게 된 건 풍부한 상상력 덕분이었어요. 빛나는 상상력은 쓸쓸한 현실 세계를 풍요롭고 멋진 공간으로 만들었고, 덕분에 에밀리는 가장 위대한 영국 작가로 우리 곁에 남게 되었어요. 20세기에 이르러 《폭풍의 언덕》은 셰익스피어의 《리어왕》, 허먼 멜빌의 《모비 딕》과 함께 영미 문학사에서 가장 위대한 비극 작품으로 꼽히게 되었답니다.

'브론테 목사관 박물관'으로 쓰이고 있는 브론테 가족의 집과 《폭풍의 언덕》 초판본 첫 페이지. 엘리스 벨이라는 필명으로 출간되었다.

사라 베르나르

전설적인 프랑스 연극배우

험난한 시작

사라 베르나르는 1844년 프랑스 파리에서 태어났어요. 사라의 원래 이름이나 생일은 정확하게 전해지지 않아요. 태어나자마자 유모에게 맡겨져 자랐고, 조금 자란 뒤에는 기숙 학교와 수녀원에서 지냈기 때문이에요. 사라는 자기 뜻을 굽히는 성격이 아니어서, 걸핏하면 친구들과 다투곤 했어요. 아주 어릴 때는 벽난로에 빠져서 크게 다칠 뻔한 적도 있었는데, 다행히 어머니가 달려와서 간신히 목숨을 구했어요. 하지만 어머니 얼굴을 볼 기회는 거의 없었고, 자신은 누구에게도 사랑받지 못하는 존재라고 생각하며 자랐어요.

젊은 시절의 사라 베르나르

그래도 사라는 남다른 의지로 분노를 다스리며 어린 시절을 견뎌 냈어요. 거미부터 메뚜기, 도마뱀, 개똥지빠귀, 염소 등 갖가지 동물을 키우며 사랑을 준 것도 큰 힘이 되었지요. 사라는 수녀원 생활을 좋아해서 나중에 수녀가 되기로 마음먹었어요. 하지만 사라의 재능은 무대에서 가장 빛났어요. 기숙 학교에서 〈요정의 여왕〉 연극을 하게 되었고, 사라는 티타니아 여왕 역을 맡았어요. 처음 무대에 선 탓에 사라는 몸이 뻣뻣하게 굳고 눈물이 터져 나올 만큼 두려웠어요. 그러나 두 번째 연극에서는 대천사 라파엘 역을 훌륭하게 해냈지요. 어머니의 친구였던 모르니 공작은 사라를 파리 음악 학교에서 공부하도록 지원하며 배우의 길로 이끌었어요.

반짝이는 별의 등장

18살이 되던 해, 사라는 프랑스 국립 극장의 정식 배우가 되었어요. 하지만 다른 배우와 크게 다툰 일로 연극을 그만두고 벨기에로 떠났어요. 벨기에에서 지내는 동안 연인을 만나 아이까지 낳았지만, 무대를 향한 그리움을 떨치지 못했어요. 사라는 몇 년 뒤 다시 파리로 돌아와 배우로서 크게 성공했어요. 아름다운 외모와 열정적인 연기, 관객을 사로잡는 '황금빛 목소리'로 인기를 끌었지요. 사라는 무대 한가운데 서서 자신이 어떤 그림을 만들어야 하는지 완벽히 파악하고 있었어요.

사라 베르나르는 무대 밖의 삶에도 열정적이었어요. 1870년 프로이센과 프랑스 사이에 전쟁이 시작되자, 오데옹 극장을 부상병을 위한 병원으로 바꾸고 직접 부상병을 간호했어요. 전쟁이 끝난 뒤에야 다시 연극 공연을 올렸고, 사라는 세계적인 스타가 되었어요. 오스트레일리아부터 남아메리카까지 세계 곳곳에서 공연하며 백만장자가 되어 돌아오기도 했지요.

> "열정을 불태우고 분노에 흔들리기도 하며, 모든 순간 치열한 삶을 살아 낸 사람만이 훌륭한 배우가 될 수 있다."

사라 베르나르는 역할의 경계를 허무는 연기로 박수를 받았어요. 여자 배우로서는 처음으로 고뇌에 빠진 청년 햄릿 왕자를 연기했고, 55살 나이에도 나폴레옹의 21살짜리 아들 역할을 훌륭하게 소화했어요. 65살에 19살 잔 다르크의 모습으로 무대에 서기도 했고요. 배우로서 타고난 재능과 열정으로 어떤 역할을 맡든 완벽한 연기를 펼쳤답니다.

사라 베르나르는 관객에게 받은 사랑을 훌륭한 연기로 보답하려 애썼어요. 아무리 힘들어도 쉬지 않았지요. 공연 때 무대에서 추락하는 사고를 당해 무릎을 심하게 다친 뒤에도 계속 무대에 올랐어요. 완전히 낫지 않은 무릎은 줄곧 사라를 괴롭혔고, 결국 10년 뒤 한쪽 다리를 잘라 내야 했답니다.

나폴레옹의 젊은 아들 역할을 맡은 55살의 사라 베르나르

> **삶이 삶을 낳고, 에너지가 에너지를 만들어 낸다. 부자가 되려면 자신을 소모해야 한다.**

하지만 사라 베르나르는 멈추지 않았어요. 의족을 끼운 채 꿋꿋이 다시 배우의 길을 걸었어요. 제1차 세계 대전이 일어나자 군인들을 찾아가 위문 공연을 했고, 70살에는 마지막 세계 순회공연을 시작했어요. 하지만 이렇게 힘차게 불타오르던 열정도 결국에는 사그라지는 날이 찾아오고 말았어요. 사라 베르나르가 세상을 떠났을 때, 동료들은 무대 의상을 입고 파리 거리를 행진하며 위대한 배우의 마지막을 애도했어요. 사라의 장례식에 참석한 사람은 수천 명에 이르렀답니다.

세상을 움직이다

사라 베르나르는 역사상 가장 훌륭한 배우로 평가받고 있어요. 최초의 월드 스타였던 사라는 전 세계 팬들의 사랑에 변함없는 연기 열정으로 보답했어요.

> **극장은 사람들의 생각을 의도치 않게 반영한다.**

연기 재능과 함께 훌륭한 인품까지 갖춘 사라 베르나르는 무대 위에서는 훌륭한 배우로 패션, 미술, 문학에 영향을 미쳤고, 무대 밖에서는 모범적인 삶으로 관객들을 사로잡았어요. 미국의 유명 작가 마크 트웨인은 말했어요. "배우는 크게 다섯 부류로 나뉠 수 있다. 나쁜 배우, 평범한 배우, 좋은 배우, 훌륭한 배우, 그리고 사라 베르나르이다." 그만큼 사라 베르나르는 배우로서 독보적인 위치에 선 특별한 존재였답니다.

사라 마리 앙리에트 로진 베르나르

플로렌스 나이팅게일

현대 간호학의 창시자

도움을 청함

플로렌스 나이팅게일은 1820년 이탈리아 피렌체에서 태어났어요. 플로렌스는 '피렌체'의 영어식 이름이지요. 플로렌스는 태어난 지 얼마 되지 않아 아버지의 나라 영국에 돌아와 자랐어요. 어릴 때부터 혼자 놀기를 좋아해서, 아버지의 서재에서 책을 읽거나 병원 놀이를 즐겨 했지요. 인형들을 환자 삼아 돌보면서 환자의 병세와 처방한 약을 기록한 표까지 만들었답니다.

10대에 접어든 플로렌스는 가족들과 함께 유럽 여행을 떠났는데, 이때 만난 가난하고 병든 사람들이 플로렌스의 마음을 움직였어요. 스스로 '하느님의 부름'을 받았다고 믿으며, 간호사가 되어 사람들을 보살피기로 마음먹었지요.

젊은 시절의 플로렌스 나이팅게일

크림 전쟁에서 세운 공로로 빅토리아 여왕에게 받은 장식

부모님은 딸의 뜻에 반대했어요. 그 시대에 간호사는 플로렌스 같은 상류층 아가씨에게 어울리는 직업이 아니었거든요. 그러나 플로렌스는 의지를 굽히지 않았어요. 독일의 보육원과 프랑스 파리의 병원들을 직접 둘러보고, 궁금한 것이 있으면 유럽 각국 의사들에게 편지를 보내 답변을 비교하며 혼자 간호 공부를 이어 갔어요. 그런 다음에는 독일에서 본격적인 간호사 실습을 받았답니다.

위생과 건강

플로렌스는 보수도 받지 않고 영국 런던의 병원에서 간호사 일을 시작했어요. 아파도 치료받을 형편이 되지 않는 여성을 위한 병원이었지요. 그 시대 병원들은 위생을 중요하게 여기지 않았어요. 플로렌스는 간호사들에게 손 씻기를 강조했고, 환자의 위생 관리에 특히 신경 썼어요. 또 환자들에게 따뜻하고 영양가 높은 음식을 제공하고, 급할 때 도움을 청할 수 있는 비상벨을 나누어 주었어요. 그 덕분에 환자들의 건강은 눈에 띄게 좋아졌고, 마침내 동료 간호사들도 플로렌스를 존경하게 되었어요.

그즈음 영국 정부는 플로렌스 나이팅게일에게 크림 전쟁에서 부상당한 군인들을 보살펴 달라고 제안했어요. 플로렌스는 곧장 전쟁이 한창인 터키로 향했어요. 플로렌스가 이끄는 간호팀은 먼저 병원을 청소하고, 약품이나 붕대 같은 물품을 정부에 요청했어요. 아픈 병사들을 위해 영양가 있는 음식을 준비했고요. 플로렌스는 매일 밤 등불을 들고 어두운 병원 안을 돌아다니며 환자의 상태를 살폈어요. 병사들도 플로렌스를 '등불을 든 천사'라고 부르며 따랐어요.

플로렌스가 전쟁터에서 사용한 터키식 등불

"간호는 하나의 예술이다."

전쟁이 끝나고 영국으로 돌아온 플로렌스는 질병 예방에 매달렸어요. 사람들은 플로렌스의 공로를 인정하며 '나이팅게일 기금'을 모았어요. 플로렌스는 이 돈을 병원 환경을 개선하고, 가난한 사람들을 보살피는 일의 중요성을 알리는 데 사용했어요.

'등불을 든 천사' 플로렌스 나이팅게일

> **"내가 성공한 원인은 단 하나,
> 결코 핑계를 대지도, 받아들이지도 않았다는 것이다."**

플로렌스 나이팅게일은 환자의 상태를 정보와 수치로 정리하고 건강 관리에 필요한 내용을 기록해 보고서를 만들었어요. 오늘날 어떤 정보를 수치로 보여 줄 때 자주 사용하는 원그래프는 플로렌스가 처음 고안해 낸 거예요. 1860년에는 '나이팅게일 간호 학교'를 세워 간호에 대한 사람들의 잘못된 생각을 바꾸고, 직업으로서 간호사의 위상을 끌어올렸어요. 나이팅게일 간호 학교에서 공부한 이들은 이후 전 세계 곳곳에서 또 다른 간호사 교육 기관을 열었어요.

플로렌스는 빅토리아 여왕을 만나 철저한 위생 관리로 많은 질병을 예방할 수 있다는 소신을 밝혔어요. 영양가 있는 식사, 청결한 환경, 체계적인 건강 관리만 한다면 어떤 질병도 막을 수 있다는 것이었지요. 하지만 그 시대에는 질병을 예방한다는 개념이 낯설었고, 플로렌스의 주장은 제대로 받아들여지지 않았답니다.

1866년 런던 세인트토머스 병원에서 간호 교육생들과 함께한 플로렌스

> **"자신이 가진 것에 만족하지 않는 사람이 아무도 없다면, 세상은 결코 나아질 수 없을 것이다."**

세상을 움직이다

플로렌스 나이팅게일은 포기할 줄 몰랐어요. 건강을 지키려면 청결이 중요하다는 것을 알리기 위해 1만 통이 넘는 편지를 써서 곳곳에 보냈어요. 플로렌스는 국제 적십자를 세우는 데 이바지했고, 여러 차례 중요한 상을 받기도 했어요. 1910년 90살의 나이로 세상을 떠난 플로렌스 나이팅게일은 병들고 가난한 사람들을 돕는 데 일생을 바쳤어요. 아울러 시대를 앞서 건강과 병원에 대한 대중의 잘못된 생각을 바로잡았고, 간호사라는 현대적 직업을 만들어 냈으며, 전 세계인의 건강 관리에 영향을 미쳤답니다.

1859년 플로렌스가 쓴 《간호론》은 오늘날까지 전 세계에서 읽힌다.

헬렌 켈러
장애를 이겨 내고 봉사에 힘쓴 작가이자 사회 운동가

어둠에 가려진 날들

헬렌 애덤스 켈러는 1880년 미국 앨라배마주에서 태어났어요. 헬렌은 6개월 만에 비교적 또렷한 발음으로 말하며 어떤 아기보다도 잘 자랐어요. 그런데 19개월쯤 정확히 원인을 알 수 없는 병을 심하게 앓았어요. 성홍열이나 뇌수막염 때문이라고 추측할 뿐이었지요. 그 뒤로 어린 헬렌은 앞을 보지도, 소리를 듣지도 못하는 장애를 얻고 말았어요.

어린 시절의 헬렌 켈러

> " 혼자 힘으로 이룰 수 있는 것은 거의 없다. 하지만 힘을 합치면 어마어마한 것을 이룰 수 있다. "

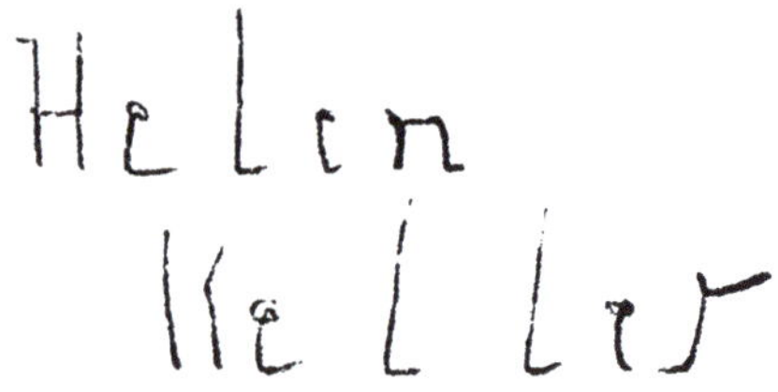

헬렌은 집에서만 생활했고, 집안사람들끼리만 통하는 수화를 만들어 사용했어요. 점점 다른 이들과는 소통할 수 없게 되었지요. 헬렌은 응석받이로 자랐고, 걸핏하면 화를 냈어요. 자기만의 세계에 갇혀서 다른 누구와도 마음을 나누지 못했어요. 주변 사람들은 헬렌의 부모님에게 아이를 정신병원에 보내라고 권하기도 했어요. 어머니는 딸을 도울 방법을 찾기 위해 끊임없이 고민하고 연구했어요.

어느 날 켈러 부부는 보스턴의 퍼킨스 맹학교에서 '앤 설리번'이라는 선생님을 소개받았어요. 그에게 6살이 된 헬렌을 어둡고 외로운 세상에서 구해 달라고 간절히 부탁했지요. 설리번 선생님의 등장으로 상황이 바로 나아진 것은 아니에요. 설리번 선생님은 '손가락 문자'를 가르치기 위해, 헬렌이 어떤 사물을 건드릴 때마다 그 이름을 손바닥에 손가락으로 적어 주었어요. 헬렌은 처음에는 호기심을 보였지만, 무언가를 배우려 할수록 더 깊은 절망의 구렁텅이에 빠졌고, 성격은 더 거칠고 사나워졌어요.

자를 대고 반듯하게 쓴 헬렌 켈러의 글씨체

> " 세상에는 괴로운 일이 많지만, 그것을 이겨 내는 사람들도 많다. "

헬렌 애덤스 켈러

처음으로 배운 낱말

어느 날, 설리번 선생님은 헬렌을 물 긷는 펌프로 데려갔어요. '물(water)'이라는 글자와 물 자체가 연결되어 있다는 걸 가르쳐 보려고 했지요. 선생님은 펌프를 움직여 헬렌의 한쪽 손에 물이 쏟아지게 하면서, 반대쪽 손바닥에 'W-A-T-E-R'라는 글자를 손가락으로 연거푸 써 주었어요. 그때 헬렌은 처음으로 글자의 의미를 이해하게 되었어요. 손의 촉감으로 느낀 사물마다 이름이 있다는 것을 깨닫게 된 거지요. 헬렌은 설리번 선생님의 손을 움켜잡고 이리저리 뛰어다니며 주변 사물들의 이름을 가르쳐 달라고 했어요. 그날 밤 잠자리에 들기 전까지, 헬렌은 자그마치 서른 개의 낱말을 배웠답니다.

헬렌의 학습 속도는 놀랄 만큼 빨랐어요. 몇 년 뒤, 헬렌은 설리번 선생님의 도움으로 퍼킨스 맹학교와 호레이스만 농학교에 다니게 되었어요. 헬렌은 손가락 문자와 입술 읽기, 점자로 공부했고, 점점 탄탄한 실력을 갖춘 학생이 되었어요. 학교에 다니는 내내 설리번 선생님은 교실에 함께 들어가 수업 내용을 헬렌의 손바닥에 적어 주었어요. 헬렌에게 말하기는 여전히 까다로운 숙제여서, 설리번 선생님 말고는 헬렌의 말을 알아듣는 사람이 거의 없었어요. 이런 악조건을 무릅쓰고 헬렌은 명문 여자 대학인 래드클리프 대학(지금은 하버드 대학과 통합)에 들어가 열심히 공부했어요. 그 결과 시청각 장애인 최초로 학사 학위를 받으며 우수한 성적으로 졸업했어요.

헬렌 켈러의 래드클리프 대학 졸업 사진

헬렌은 장애인의 삶을 세상에 알리고, 자신과 같은 처지인 장애인을 돕고 싶었어요. 대학을 졸업하기 전, 설리번 선생님의 남편 존 메이시의 도움으로 자서전 《나의 삶 이야기》를 펴냈지요. 말하기는 여전히 어려웠지만, 설리번 선생님과 함께 미국 전역을 돌아다니며 강연을 시작했고, 이후에는 전 세계로 활동 영역을 넓혔어요. 헬렌은 시각 장애에 관한 할리우드 영화를 만들었고, 신문과 잡지에 글을 쓰고, 책도 네 권 더 펴냈어요. 그 밖에도 새로 설립된 미국 맹인 재단의 고문으로서 장애에 관한 사람들의 인식을 바꾸고 사업 기금을 마련하는 데 힘을 보탰답니다.

세상을 움직이다

헬렌 켈러 덕분에 시청각 장애인을 바라보는 세상 사람들의 생각이 달라졌어요. 헬렌은 전 세계 35개국이 넘는 나라를 돌아다니며 장애인도 보통 사람과 똑같다는 메시지를 전하고, 장애에 대한 잘못된 생각을 바로잡았지요. 그뿐만 아니라 헬렌 켈러는 여성에게도 투표권을 주어야 한다고 주장하고, 전쟁을 반대하는 목소리를 높였어요. 아동 노동과 인종 차별을 반대하는 운동도 펼쳤지요. 또 모든 시민이 평등하게 기본권을 누릴 수 있도록 활동하는 '미국 시민 자유 연맹'을 창설하는 데도 이바지했어요.

헬렌 켈러는 장애인과 세상의 모든 약자들을 지원하고 격려하는 데 평생을 바쳤어요. 그는 끊임없는 노력과 강한 의지만 있으면 아무리 크고 험난한 도전도 이겨 낼 수 있다는 사실을 몸소 세상에 증명해 보였어요.

> **" 비관론자는 별의 비밀을 발견하지도, 미지의 섬으로 항해하지도, 인간 정신의 새로운 장을 열지도 못한다. "**

앤 설리번

헬렌 켈러를 빛의 세계로 이끈 최고의 교사

젊은 시절의 앤 설리번

고난에 맞선 용기

조해나 앤 맨스필드 설리번은 1866년 미국 매사추세츠주에서 태어났어요. 앤의 어린 시절은 몹시 불행했어요. 가정 형편은 어려웠고, 두 동생은 아기 때 목숨을 잃었어요. 게다가 앤은 5살 무렵 눈병에 걸려 시력을 거의 잃었고요. 8살 무렵에는 어머니가 세상을 떠났고, 2년 뒤 아버지는 아픈 앤과 남동생 지미를 빈민 수용소로 보냈어요. 더럽고 숨 막히는 수용소에서 지미는 병세가 나빠졌고 결국 목숨을 잃었어요. 사랑하는 동생까지 떠나보낸 앤은 완전히 혼자가 되어 슬픔에 빠졌어요.

앤 설리번은 14살 때 용기를 내 빈민 수용소를 도망쳤어요. 다행히 어느 부유한 자선가의 도움으로 보스턴의 퍼킨스 맹학교에 다니게 되었지요. 앤은 눈 수술을 받았지만 시력이 나아지지는 않았어요. 게다가 그동안 제대로 교육을 받지 못한 탓에 학교의 규칙과 기본 예의범절을 따르기 어려웠고, 그래서 종종 곤경에 빠지기도 했지요. 하지만 친절한 선생님들을 만나 도움을 받으며 점점 학교생활에 적응했어요. 앤은 마침내 가장 우수한 성적으로 학교를 졸업하면서, 졸업생 대표로 연단에 올라 말했어요. "동료 졸업생 여러분, 적극적인 삶은 우리가 이어 가야 할 의무입니다. 희망을 품고 즐거운 마음으로 진지하게 우리가 지닌 특별한 재능을 찾아봅시다. 발견한 재능은 기꺼이 성실하게 발휘합시다."

조해나 앤 맨스필드 설리번

기적을 일으키는 사람

앤 설리번은 20살에 켈러 부부에게 일자리를 제안받았어요. 시청각 장애인인 딸 헬렌 켈러를 맡아 달라는 것이었지요. 앤은 겁에 질려 망아지처럼 날뛰는 헬렌을 어둡고 고요한 세계에서 구해 내기로 마음먹고, 먼저 모든 사물에 이름이 있다는 사실을 알려 주려고 했어요. 하지만 아무리 인형을 안겨 주고 컵을 들려 주며 손바닥에 이름을 써 보아도, 헬렌은 그게 무슨 뜻인지 전혀 이해하지 못한 채 거칠게 화만 냈어요. 앤은 포기하지 않고, 보통 어린아이가 처음 말 배우는 방식을 생각하면서 끈질기게 시도했어요. 마침내 물 긷는 펌프를 통해 헬렌은 처음으로 세상의 모든 존재에 이름이 있다는 걸 이해하게 되었지요. 이 기적처럼 놀라운 이야기는 나중에 극작가 윌리엄 깁슨에 의해 〈기적을 일으키는 사람〉이라는 희곡으로 만들어져 세상에 널리 알려졌지요.

> "도전과 실패를 멈추지 마라. 실패와 도전을 반복하다 보면 목표를 이룰 때까지 점점 더 강해질 것이다."

> "아이들에게는 가르침보다 진심 어린 길잡이가 더 필요하다."

앤 설리번은 고작 몇 개월 만에 헬렌에게 1000개가 넘는 낱말과 구구단, 그리고 점자 읽는 법까지 가르쳤어요. 이윽고 헬렌이 학교에 다닐 정도의 수준에 이르자, 앤은 자신이 졸업한 퍼킨스 맹학교에 헬렌을 데려갔어요. 앤 역시 앞을 보려면 눈에 힘을 많이 줘야 하고 불편했어요. 그런데도 앤은 수업 내용과 교과서에 적힌 글을 헬렌의 손바닥에 옮겨 주는 일을 멈추지 않았어요. 헬렌이 래드클리프 대학에서 좀 더 어려운 공부를 시작했을 때도 마찬가지였어요. 비록 헬렌처럼 학위를 받지는 못했지만, 그곳에서 배운 모든 내용을 헬렌에게 가르쳤답니다.

헬렌 켈러는 하버드 대학의 젊은 교수 존 메이시의 도움을 받아 자서전을 썼어요. 그러는 동안 앤은 존과 사랑에 빠져 결혼했고, 헬렌과 셋이 한집에서 살게 되었지요. 앤 설리번은 헬렌을 진심으로 아꼈기에 줄곧 제자를 위한 삶을 이어 갔던 거예요. 헬렌과 앤은 함께 세계 곳곳을 돌아다니며 강연을 했어요. 많은 사람들이 헬렌의 서툰 발음을 잘 알아듣지 못했기 때문에, 앤이 대신 연단에 서는 일도 많았지요. 이렇게 앤이 오직 헬렌에게만 헌신하다 보니 부부 사이는 점점 멀어졌고, 결국 존과 헤어지게 되었답니다. 시간이 지날수록 앤의 눈 건강은 점점 나빠졌어요. 헬렌이 평생 앤에게 의지했던 것처럼, 언젠가부터는 앤에게 헬렌의 도움이 필요한 지경에 이르렀지요. 결국 앤은 시력을 완전히 잃은 상태로 70살에 세상을 떠났어요. 마지막 순간에도 앤은 헬렌의 손을 잡고 있었지요.

49년 동안 가장 가까운 친구로 지낸 앤과 헬렌

세상을 움직이다

앤 설리번은 평생 아픈 눈 때문에 고생했지만, 다른 사람들은 보지 못한 희망의 빛을 찾아내는 사람이었어요. 앤은 어린 시절 부모를 잃고 빈민 수용소에서 힘겹게 살았던 시각 장애인이었어요. 그러나 모든 어려움을 이겨 내고 최고의 교육자가 되어, 49년 동안 헬렌 켈러의 믿음직한 선생님이자 친구로 살았지요.

> "뜻깊은 성공에 이르는 힘들고 위태로운 계단은 사람들의 눈에 잘 보이지 않는다."

헬렌 켈러에게 앤 설리번 선생님이 없었다면, 헬렌은 평생토록 어둠과 침묵의 세계에 갇혀 앞을 보지도 소리를 듣지도 못한 채 세상과 담을 쌓고 살았을 거예요. 앤 설리번은 헬렌 켈러의 그림자 같은 삶을 살았지만, 엄청난 노고와 헌신으로 헬렌의 삶에 함께함으로써 세상에 이바지했어요. 헬렌은 그런 앤을 '나의 수호천사'라고 불렀답니다.

메리 시콜

다친 병사를 보살핀 크림 전쟁의 숨은 영웅

어머니에게서 배운 간호

메리 시콜은 1805년 자메이카가 영국 식민지였던 시절, 수도 킹스턴에서 태어났어요. 아버지는 영국 스코틀랜드에서 온 군인이었고, 어머니는 여관을 운영하는 자메이카 사람이었지요. 어머니는 자메이카 전통 방식으로 약초를 써서 병을 고치는 치료사이기도 했어요. 메리는 어머니가 환자를 보살필 때 기꺼이 곁에서 도왔고, 나중에는 인형을 환자 삼아 똑같이 실습하곤 했지요. 메리에게는 학교와 집 모두가 배움의 터전이었어요.

메리는 자라면서 여러 편견에 시달려야 했어요. 메리가 살던 시절 자메이카에 1834년까지 노예제가 유지되고 있었기 때문이에요. 메리는 노예가 아닌 자유 신분이었지만, 혼혈이라는 이유로 또 다른 방식으로 여러 가지 제약을 받았지요. 그래도 워낙 밝고 낙천적인 성격이던 메리는 양쪽 핏줄에서 훌륭한 유산을 물려받았다고 생각했어요. 영국 출신 아버지에게서는 넘치는 에너지와 야망을, 자메이카 출신 어머니에게서는 아픈 사람을 치유하는 능력을 물려받았다는 거지요. 어릴 때부터 메리는 자신이 언젠가 특별한 삶을 살게 될 거라고 확신했어요.

아픈 병사들의 어머니

메리는 어른이 될 때까지 언니 루이자와 함께 어머니의 여관 일을 도왔어요. 한편으로 자메이카를 둘러싼 중앙아메리카의 여러 나라들과 아버지의 나라 영국을 여행하면서 다양한 경험을 쌓기도 했지요. 이웃 나라 파나마에 심각한 전염병인 콜레라가 퍼졌을 때에는 간호사가 되어 아픈 사람들을 돌보기도 했어요. 메리는 어머니에게서 배운 전통 의학 지식이 매우 풍부했고, 여기에 유럽에서 배워 온 근대적인 의학 기술을 결합시켜 환자를 돌보았어요. 메리는 청결과 위생, 영양가 높은 식사가 환자의 건강 관리에 매우 중요하다고 주장했는데, 당시로서는 아주 급진적인 생각이었지요.

메리 시콜은 치료사로 점점 유명해졌어요. 자메이카에 콜레라와 황열 전염병이 퍼지는 것을 막으려고 애썼고, 다친 사람들을 치료하며 돌보았어요. 메리는 크림 전쟁이 시작된 직후에 영국에 가서, 군 본부를 찾아가 자신을 크림 전쟁에 간호사로 보내 달라고 했어요. 메리는 영국군을 도울 수 있다는 확신이 있었어요. 군인들에게 부상보다 질병이 더 심각하다고 생각했으니까요. 실제로 크림 전쟁에서는 전염병으로 목숨을 잃은 병사가 많았답니다. 그러나 군 본부에서는 메리의 뜻을 거부했어요. 아마도 메리의 피부색 때문이었을 거예요.

메리 제인 그랜트 시콜

> "다친 사람에게 붕대를 감아 주고 시원한 물을 마시게 했을 때, 돌아오는 감사 인사와 환한 미소는 내 인생 전부를 걸 만한 커다란 기쁨이다."

메리 시콜은 자신의 능력을 활용해서 어떻게든 도움이 필요한 사람에게 힘이 되어 주고 싶었어요. 그래서 전쟁이 한창인 크림반도에 가서 '영국 호텔'이라는 여관을 차렸어요. 장교들에게 휴식 공간과 맛있는 식사를 제공하기도 했지만, 주요 목적은 병들거나 다친 장교들이 완전히 나을 때까지 보살피는 것이었어요. 어머니가 운영하던 여관과 마찬가지였지요. 때로는 도움이 필요한 사람들을 위해 직접 전장에 나가기도 했어요. 적군의 총탄이 날아드는 전쟁터에서도 메리는 전혀 움츠러들지 않았어요. 메리 시콜은 전쟁터로 향할 때마다 병사들에게 먹일 음식과 담요 등을 노새에 가득 싣고 갔고, 병사들은 메리를 '마더(어머니) 시콜'이라고 부르며 반겼어요. 수많은 군인이 메리 덕분에 목숨을 구했지만, 영국군 본부에서는 단 한 번도 메리에게 공식적인 감사의 뜻을 표하지 않았어요.

전쟁이 끝나고 영국으로 돌아온 메리 시콜은 돈 한 푼 없는 빈털터리가 되었어요. 모든 재산을 병사들을 돕는 데 다 써 버렸기 때문이지요. 이번에는 전쟁터에서 메리의 보살핌을 받았던 군인들이 메리를 위해 기부금을 모았어요. 그 뒤 메리는 회고록 《세계를 누빈 시콜 부인의 놀라운 모험》을 썼고, 이 책은 세상에 나오자마자 날개 돋친 듯 팔렸어요. 메리 시콜의 이야기가 우리에게 알려진 것도 이 책 덕분이에요.

세상을 움직이다

메리 시콜은 19세기 후반 당시 보통 여성들은 하지 않았거나 할 수 없었던 많은 일을 해냈어요. 세계 곳곳을 여행했고, 직접 사업을 벌였으며, 무엇보다 다른 사람을 돕는 일에 자신이 가진 모든 것을 바쳤지요. 메리 시콜의 업적은 오랫동안 사람들에게 잊혔지만, 100년이 흐른 뒤 우연히 어느 액자 속 그림을 보호하는 종이에서 초상화가 발견되면서 다시 세상에 알려졌어요. 크림 전쟁에서 활약한 공로를 인정하며 영국, 터키, 프랑스에서 준 훈장을 가슴에 달고 있는 노년의 메리 시콜이 담겨 있었지요. 이 초상화는 오늘날 영국 국립초상화미술관에 전시되어 메리 시콜의 업적을 기리고 있답니다.

메리 시콜의 회고록 《세계를 누빈 시콜 부인의 놀라운 모험》

1873년에 촬영한 노년의 메리 시콜 사진

시린 에바디

이란 인권 변호사이자 인권 운동가

페미니스트 아버지

시린 에바디는 1947년 이란 중부의 오래된 도시 하마단에서 태어나 수도 테헤란에서 자랐어요. 부모님은 시린을 비롯한 사 남매를 사랑과 정성을 다해 키웠지요.

시린의 아버지는 대학에서 법학을 가르치는 교수였고, 페미니스트로서 자녀에게 여자와 남자는 동등하다고 가르쳤어요. 또 어떤 종교든 존중해야 한다고 강조했어요. 그러나 이란 사회는 점점 평등과 존중과 공정함을 중요시하는 아버지의 가치관과 정반대로 변해 가고 있었어요.

샤에서 샤리아로

한때 세계를 주름잡았던 페르시아 제국의 뒤를 이은 이란은 국왕 '샤'의 강력한 통치 아래 이슬람 문화를 발달시켜 왔어요. 1960년대에 들어서 젊은 국왕은 여성에게 참정권을 주고 '차도르'라는 여성용 베일을 금지하는 등 서구식 개혁을 밀어붙였어요. 하지만 이 개혁은 당시 이란 국민 대다수의 정서와 맞지 않았고, 반대 세력을 지나치게 억압하는 독재 정치와 왕족의 사치 때문에 반발에 부딪혔어요. 결국 1979년 '이란 혁명'으로 왕조가 무너지고, 강력한 종교 지도자인 아야톨라 호메이니가 통치권을 손에 쥐었지요. 호메이니는 이슬람 율법인 '샤리아'를 유난히 엄격하게 해석했어요. 누구든 자신의 뜻을 거스르면 곧장 사형에 처했지요.

로스쿨을 갓 졸업한 22살의 시린 에바디

> "불의를 없애기 힘들다면 모두에게 알리기라도 하라."

시린 에바디는 30살에 이란 역사상 가장 젊은, 최초의 여성 판사가 되었고, 곧 테헤란시 법원장으로 일했어요. 하지만 호메이니가 권력을 잡은 뒤 여성 판사들은 모두 일자리를 내놓아야 했어요. 시린은 여기서 절망하지 않고, 자신이 해야 할 더 중요한 과제를 이제 막 시작했을 뿐이라고 마음을 다졌어요. 시린은 열심히 기사와 책을 써서 인권에 대한 자신의 생각을 알리려 애썼고, 테헤란 대학에서 인권 강의도 계속했어요. 인권은 모든 인간이 갖는 권리이며, 특히 생존권과 자유권, 표현의 자유는 반드시 지켜져야 한다고 가르쳤어요.

수많은 이란 사람들이 억압을 피해 유럽이나 미국으로 망명해도, 시린 에바디는 조국에 남아 자신이 해야 할 일을 하며 참을성 있게 때를 기다렸어요. 자그마치 22년 동안이나 말이에요.

> "내가 싸워서 얻고자 하는 것은 오로지 동포들에게 좋은 일만 일어나도록 하는 것이다."

호메이니가 세상을 떠난 뒤 얼마 지나지 않아, 마침내 시린 에바디는 변호사로 일할 수 있게 되었어요. 시린은 사무실도 없이 집에서 일하며 6000명에 가까운 사람들을 도왔지만, 변호사 수임료는 단 한 푼도 받지 않았어요. 한 여인이 고마운 마음에 억지로 안겨 준 라임 몇 개가 전부였지요. 시린은 여성과 어린이, 생존권과 자유권을 위협받는 사람들의 편에서 정의를 위해 싸웠어요. 또 침묵을 강요당한 사람들을 대신해 목소리를 높였지요.

그 목소리가 정부의 귀에 들어가자 시린은 곧바로 체포되어 감옥에 갇혔어요. 독방에서 25일을 보내고 나서는 한동안 말을 더듬기도 했어요. 하지만 감옥에서 풀려난 시린은 정의를 위한 투쟁을 계속 이어 갔어요. 남편과 여동생이 체포되고, 여기저기서 살해 위협을 받았지만, 포기하지 않았어요.

시린 에바디는 이란의 여성과 어린이 보호를 위해 용감하게 활동한 공로로 2003년에 노벨 평화상을 받았어요. 이란 사람으로서도, 여성 이슬람교도로서도 최초의 일이었지요. 시린은 이때 받은 상금으로 변호사 활동을 이어 가기 위한 새 사무실을 얻어 '인권 옹호 센터'를 열었어요. 안타깝게도 노벨상을 받은 뒤로 나라의 탄압은 더 심해져서, 결국 2009년 영국으로 망명하게 되었어요. 하지만 시린 에바디는 지치지 않고 이란의 여성과 모든 시민의 인권을 지키기 위한 활동을 계속 이어 가고 있답니다.

시린 에바디

"꿈꾸고 생각하는 것만으로는 충분치 않다. 중요한 것은 행동이다."

시린 에바디와 2016년에 쓴 책 《우리가 자유로워질 때까지》

세상을 움직이다

시린 에바디는 스스로 자신을 방어할 수 없는 사람들의 인권을 위해 매일 목숨을 건 투쟁을 펼쳐서 많은 이들을 도왔어요. 시린은 실천하는 이슬람교도로서, 이슬람교는 원래 평화롭고 정의로운 종교라고 믿어요. 그러므로 언젠가는 자신의 조국 이란이 이슬람교의 가치관을 따르는 동시에 모든 사람들의 인권을 존중하는 민주국가가 되기를 꿈꾸지요.

시린은 이란의 미래에 희망을 품고 있어요. 이란을 다시 평화로운 나라, 배움의 가치를 믿고 국민이 두려움에 떨며 살지 않아도 되는 나라로 바꾸려면 용감한 행동과 끊임없는 노력이 필요하다는 것도 잘 알지요. 시린 에바디는 이를 위해 오늘도 이란인과 함께 싸우는 일을 멈추지 않고 있어요. 또 '국경 없는 기자회'와 함께 전 세계 시민의 표현의 자유와 인권 향상을 위해 앞장서서 싸우고 있답니다.

마리아 몬테소리
아이들 편에서 생각한 의사이자 교육자

배움의 즐거움

젊은 시절의 마리아 몬테소리

마리아 몬테소리는 1870년 이탈리아 키아라발레에서 태어났어요. 그 시대에 어린이, 특히 여자아이는 자기 목소리를 내기보다 고분고분하고 조용히 지내야만 했지요. 하지만 마리아는 어릴 때부터 아무리 나이가 어려도 반드시 존중받아야 한다고 생각했어요. 언젠가 우연히 한 선생님이 자신에 대해 함부로 말하는 것을 듣고는, 다시는 그 선생님과 마주하지 않기도 했어요.

다행히 마리아의 부모님은 총명한 딸을 교육시키는 데 적극적이었어요. 부모님은 딸이 교사가 되기를 바랐지만, 수학을 좋아했던 마리아는 공학자가 되고 싶었어요. 자라면서 마리아는 이제껏 여자들이 도전하지 않았던 분야에서 일하기로 마음먹고, 의사가 되기를 꿈꾸었어요.

마침내 마리아는 수많은 어려움을 이겨 내고 로마 대학에서 의학을 공부하게 되었어요. 하지만 여학생이 마리아 한 명뿐이라는 이유로 학교생활 내내 차별을 겪었어요. 남학생들과 함께하는 해부학 실습에 참여하는 것을 허락받지 못해서, 어쩔 수 없이 모든 실습을 늦은 밤에 혼자서 해야 했답니다.

아이의 눈높이에 맞추라

마리아의 고된 노력은 마침내 열매를 맺었고, 1896년 이탈리아 최초의 여성 의사가 되었답니다. 마리아는 여성과 아동의 인권에 관심이 많아서, 학습 장애나 정신 질환이 있는 어린이를 위한 병원에서 일하게 되었지요. 그곳 아이들은 가지고 놀 만한 장난감이 없어서 식사로 나온 음식물을 갖고 놀았어요. 이를 지켜본 마리아는 이 아이들에게 필요한 것은 의학적 치료나 약물이 아니라, 다정하고 친절한 교육과 놀이라고 생각했어요.

몬테소리 학교에서 알파벳을 익히는 여자아이

> **"아이는 무언가에 집중할 때 행복을 느낀다."**

얼마 뒤 마리아는 비슷한 어린이 병원에 책임자로 가서, 학습 장애와 정신 질환이 있는 어린이들을 따뜻한 마음으로 가르쳤어요. 오래지 않아 아이들의 상태는 일반 학교에 다니는 아동과 비슷한 수준의 시험을 통과할 만큼 좋아졌어요. 마리아는 교사가 아이의 능력을 판단하는 대신 본모습 그대로 받아들이고, 다정하고 상냥한 태도로 학습을 도와야 한다고 생각했어요. 모든 아이에게는 타고난 잠재력이 있으며, 자신만의 재능과 능력을 발견할 수 있도록 돕는 것이 어른의 역할이라고 믿었지요. 또 모든 아이들은 출신 배경과 상관없이 비슷한 지적 능력을 가지고 태어난다고 생각했어요. 마리아 몬테소리의 생각은 그 시대에는 아주 새롭고 낯선 것이었어요. 사람들의 고정 관념을 바꾸기 위해서는 엄청난 노력과 수고가 필요했답니다.

"아이가 스스로 해낼 수 있다고 느끼는 일은 절대 도와주지 마라."

몬테소리 교구

마리아 테클라 아르테미시아 몬테소리

마리아는 다시 대학에 돌아가 심리학과 철학을 공부하고, 잠시 로마 대학 교수로 일하기도 했어요. 하지만 그 자리에 머물지 않고 가난한 아이들을 위한 교육 기관을 열었지요. 처음 학교를 열었을 때 가장 먼저 신경 쓴 것은 어린이의 몸집에 맞는 책상과 의자였지요. 마리아는 아이들이 어떤 과제에 흥미를 느끼면 놀라운 집중력을 보인다는 사실을 알게 되었어요. 또 아이들은 물건을 제자리에 돌려 놓기 좋아한다는 점을 알아채고, 교실 안에 정리장을 마련해 아이들 스스로 자기 공간을 깔끔하게 관리하도록 했어요. 마리아는 아무리 어린아이라도 한 사람의 인격체로서 존중받아야 한다고 믿었지요. 그래서 아이들이 직접 콧물을 닦고 외투의 단추를 채우는 등 스스로 자기 몸을 돌보도록 가르쳤답니다.

"아이를 가르치는 일은 사회를 발전시키는 열쇠이다."

학교를 연 첫해가 저물 부렵, 마리아는 학교 이름을 이탈리아어로 '아이들의 집'이라는 뜻인 '카사 데 밤비니'로 바꾸었어요. 최초의 몬테소리 학교가 탄생한 거예요. 마리아가 자신의 교육 철학을 담아 쓴 책 《몬테소리 교육법》은 세상에 나오자마자 20종이 넘는 언어로 번역되어 전 세계에 알려졌어요. 아이들이 각자 속도에 맞추어 스스로 학습할 수 있는 환경을 만들고, 교사들은 한 걸음 물러나 '아이를 따라가야 한다'는 교육 철학은 마리아 몬테소리를 세계적인 교육자로 우뚝 서게 했어요.

세상을 움직이다

마리아 몬테소리는 교육 현장에서 직접 찾은 해법을 널리 알리고 싶었어요. 그래서 세계 곳곳을 돌아다니며 일반 아동 교육과 특수 교육에 대해 강연했어요. 그 공로를 인정받아 세 차례나 노벨 평화상 후보에 올랐답니다. 마리아가 이룬 가장 큰 성과는 사람들이 어린이를 바라보고 이해하는 방식을 완전히 바꾸었다는 거예요. 몬테소리 교육법을 통해 전 세계 교육자들은 어린이의 눈높이에서 세상을 보게 되었답니다.

몬테소리 학교를 방문한 마리아의 모습

마더 테레사

가난한 사람들을 위해 평생을 바친 수녀

부모님의 가르침과 믿음

테레사 수녀는 1910년 오늘날 마케도니아의 수도 스코페에서 태어났어요. 테레사는 가톨릭 세례명이고, 원래 이름은 아녜즈 곤제 보야지우예요. 아녜즈의 부모님은 부유한 가톨릭 신자였는데, 늘 아이들에게 하느님을 섬기고 이웃을 사랑해야 한다고 가르쳤어요. 도움이 필요한 사람을 보면 모른 척하지 않는 착하고 인정 많은 분들이었지요.

신앙심 깊은 아녜즈는 겨우 12살 때 수녀가 되기로 마음먹었어요. 학교 공부를 계속하며 6년을 더 기다린 끝에, 마침내 18살에 집을 떠나 아일랜드의 로레토 수녀원에 들어갔어요. 그날 이후 다시는 어머니의 얼굴을 보지 못했답니다.

젊은 시절의 테레사 수녀

가장 가난한 이들의 어머니

수녀가 되려면 누구보다 하느님을 사랑하고, 평생 욕심 없이 가난하게 살겠다고 서약해야 했어요. 기꺼이 서약을 마친 아녜즈는 수녀원에 들어간 지 6개월 만에 인도로 가게 되었어요. 아녜즈는 하느님에게 삶을 바치겠다고 맹세하면서 새 이름으로 '테레사'를 선택했어요. 테레사는 사소한 일을 즐거운 마음으로 하는 것이 선을 실천하는 길이라고 믿었던 프랑스 성녀예요. 테레사 수녀는 인도 콜카타에서 로레토 수녀회의 자매들과 함께 가난한 사람들을 가르치고 보살피는 일을 시작했어요.

테레사 수녀는 하느님이 자신에게 더 큰 일을 하라는 소명을 주었다고 믿게 되었어요. 콜카타 거리로 나가 더 지독하게 가난한 사람들을 도우라는 명령이었지요. 테레사 수녀는 주위의 반대를 무릅쓰고 교황에게 특별 허가를 구해 로레토 수녀회에서 나왔어요. 그리고 수녀복 대신 여느 가난한 인도 여자들처럼 수수한 흰색 사리를 몸에 걸쳤어요. 테레사 수녀는 전 재산인 5루피(우리 돈으로 약 80원)로 거리의 학교를 열었어요. 그리고 땅바닥에 분필로 글씨를 써 가며 배우고자 하는 이들을 가르쳤답니다.

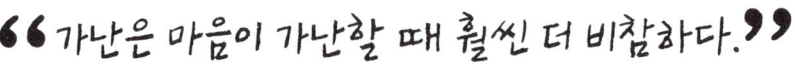

" 가난은 마음이 가난할 때 훨씬 더 비참하다. "

테레사 수녀의 눈길이 가는 곳마다 온통 배고픔과 질병, 고통에 시달리는 사람들이 가득했어요. 거리에서 한 여자가 죽어 가는 모습을 본 뒤로, 테레사 수녀는 죽음을 앞둔 사람들을 위한 집을 열기로 했어요. 삶의 마지막 순간을 품위 있고 평화롭게 보낼 수 있게 해 줄 공간이었지요. 처음에는 혼자 힘으로 운영하느라 몹시 힘들었지만, 곧 다른 수녀들이 돕겠다고 나섰어요. 테레사 수녀는 교황의 허가를 받아 '사랑의 선교 수녀회'를 만들었고, 어느덧 '마더 테레사'라는 이름으로 널리 알려지게 되었어요.

마더 테레사는 가난한 사람들의 평화로운 죽음뿐 아니라 더 나은 삶을 위해서도 힘을 보태고 싶었어요. 그래서 인도는 물론 전 세계 곳곳에

아녜즈 곤제 보야지우

"가난한 이들에게 필요한 것은 동정이나 연민이 아니라 진짜 도움이다. 우리가 그들을 도우면 베푸는 것보다 더 많은 것이 되돌아온다."

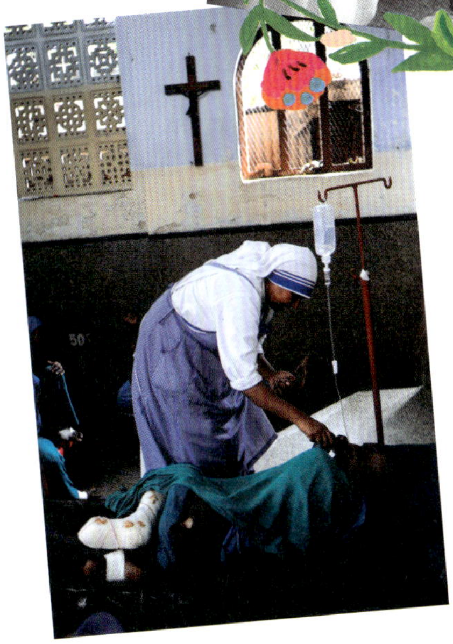

"서로 늘 미소 띤 얼굴로 대합시다. 미소는 곧 사랑의 시작입니다."

가난하고 병든 이를 돕는 마더 테레사(위), 테레사 수녀가 세운 인도 콜카타의 한 병원에서 일하는 어느 수녀(왼쪽)

학교와 보육원을 열었어요. 가난한 사람들에게 더 나은 삶을 지원하는 사랑의 선교 수녀회는 오늘날 전 세계 100여 개 나라에서 500개가 넘는 활동 본부를 운영하고 있어요. 마더 테레사는 국제 사회의 지도자들이 한 번쯤 만나고 싶어 하는 영향력 있는 사람이 되었어요. 테레사 수녀의 활동 덕분에 전 세계가 빈곤 문제에 눈을 돌리게 된 거예요.

세상을 움직이다

1979년 마더 테레사는 노벨 평화상을 받았어요. 이제껏 다른 상을 받았을 때와 마찬가지로 모든 상금을 가난한 사람들에게 나누어 주었어요. 그리고 변함없이 수녀회 활동을 이어 가 20년 동안 수백만 명의 삶을 바꾸었어요. 마더 테레사는 80대에 접어들면서 심장병을 앓았지만, 눈을 감기 직전까지도 활동을 멈추지 않았어요. 이제 마더 테레사는 떠났지만, 그의 가슴에서 우러나온 위대한 사랑은 여전히 우리 곁에 머물러 있어요.

희생과 봉사

왕가리 마타이
환경 보호와 인권 운동에 앞장선 교육자이자 활동가

자연을 사랑한 아이

왕가리 무타 마타이는 1940년 케냐가 영국 식민지였던 시절, 케냐 중부에 있는 니에리의 한 마을에서 태어났어요. 왕가리는 어릴 때부터 자연을 사랑했어요. 특히 냇가에 가서 마실 물을 긷고, 맑고 깨끗한 물속에서 올망졸망 헤엄치는 올챙이들 구경하길 좋아했지요. 왕가리의 부모님은 배움을 중요하게 생각해서, 왕가리를 학교가 있는 마을에서 자라게 했어요.

왕가리는 가톨릭 학교인 세인트 세실리아 기숙 학교에 다니면서 영어를 배웠고, 그 지역 유일한 여학교였던 로레토 고등학교에 진학하여 최고 우등생으로 졸업을 앞두고 있었어요. 그때는 영국 식민 지배가 끝나 갈 무렵이었고, 케냐의 정치인들은 나라의 미래를 위해 우수한 학생을 선발하여 서구식 교육을 시키자고 주장했어요. 왕가리는 300명의 장학생 중 한 사람으로 선발되어 미국으로 유학을 떠났어요.

나무 심기와 교육의 중요성

왕가리 마타이는 미국에서 생물학을 전공해 학사와 석사 학위를 받았고, 케냐로 돌아온 뒤에도 공부를 계속해 동아프리카 여성 최초로 박사가 되었답니다. 그 뒤로 나이로비 대학의 수의해부학과 학과장에 이어 부교수 자리에까지 올랐어요. 동아프리카에서 여성이 이 정도 위치까지 오른 것은 처음 있는 일이었어요.

> **"나무는 평화와 희망의 상징이다."**

왕가리 마타이는 어려움에 빠진 케냐에 눈을 돌렸어요. 당시 케냐는 숲의 나무를 베어 내고, 그 자리에 커피를 비롯해 수출할 수 있는 작물을 심는 일이 유행처럼 번지고 있었어요. 하지만 나무가 사라진 땅에는 금세 물이 말랐고, 비가 오면 하천에 물이 넘치기 일쑤였어요. 번번이 농사를 망쳤고, 사람들은 가난에 시달렸어요. 커피를 수출해 얻은 이익도 거의 다 부자들에게만 돌아갔지요. 왕가리는 숲이 망가지면 사람들의 삶도 힘들어진다는 걸 깨달았어요.

왕가리 무타 마타이

> **"청년들이여, 여러분은 여러분이 속한 지역 공동체와 이 세상 전체에 선물 같은 존재입니다. 여러분은 우리의 희망이며 미래입니다."**

나무를 심는 왕가리 마타이와
미국 제44대 대통령 버락 오바마

왕가리는 숲을 되살려야 한다고 믿고, 모든 사람이 나무 한 그루를 심으면 세상이 달라질 수 있다고 주장하기 시작했어요. "우리가 숲을 파괴하면, 강물이 마르고 강우량이 불규칙해져서 농사를 망칠 수 있습니다. 우리는 모두 굶어 죽게 될 거예요." 왕가리는 사람들에게 경고했어요. 지역 공동체에서 힘을 합쳐 나무를 심으면, 숲을 되살리는 동시에 보통 사람들의 삶도 나아질 수 있다는 것이 왕가리의 주장이었지요. 이른바 '그린벨트 운동'이라고 부르는 왕가리의 생각은 큰 성공을 거두었어요.

1977년부터 그린벨트 운동 본부는 각 지역 공동체와 힘을 합쳐 케냐에 5100만 그루가 넘는 나무를 심었어요. 또 정부에는 숲을 파괴해 밭을 만드는 행위를 막아 달라고 요구했지요. 그 밖에도 아껴 쓰고(reduce), 다시 쓰고(reuse), 재활용하자(recycle)는 '3R 운동'을 장려하고 있답니다.

왕가리 마타이는 교육 문제에도 열정을 쏟았어요. 아프리카 대륙을 집어삼키고 1500만 명이 넘는 고아를 만들어 낸 전염병 '후천성 면역 결핍증(AIDS)'도 교육을 통해 막을 수 있다고 생각했지요. 아프리카의 온 나라가 이 전염병으로 무너지는 사태를 막기 위한 유일한 방법은 교육으로 병에 대한 무지와 두려움, 무력감을 없애는 것이라고 믿었어요.

> "우리는 지치거나 포기할 수 없다. 우리가 일어나서 걸어야 현재와 미래 세대의 생태계를 변화시킬 수 있다."

왕가리는 케냐와 아프리카 대륙 전체를 지키기 위해 쉬지 않고 일하면서, 생태학과 아프리카에 대한 책을 네 권 썼어요. 또 '왕가리 마타이 평화 환경 연구소'를 만들어, 그린벨트 운동을 실천하는 지역 사회 주민들과 학문 연구를 하는 과학자들이 서로 도움을 주고받으며 지구를 살리자는 같은 목적으로 일할 수 있도록 했어요.

왕가리 마타이는 국제연합(UN) 평화 사절로 임명되어 전 세계를 누비며 강연을 했어요. 또 세계 여러 나라의 대표와 환경 운동가, 과학자 들이 지혜를 모아 지구 온난화에 대비하기로 결의한 1992년 '리우 회의'를 비롯하여, 국제적인 환경 회의에 활발히 참석했지요. 왕가리는 여러 대학에서 명예 학위를 받았고, 10여 개의 국제상을 받았으며, 2004년에는 아프리카 여성 최초로 노벨 평화상을 받았어요.

세상을 움직이다

왕가리 마타이는 여성과 환경, 그리고 케냐를 비롯한 아프리카 전체를 위해 온 삶을 바쳐 일했어요. 그는 교육을 책임지는 리더로서 지역 공동체, 특히 여성과 어린이의 힘을 기르고, 환경을 보호하며, 모두가 평화롭고 조화롭게 살 수 있는 세상을 꿈꾸었어요. 왕가리의 노력으로 케냐의 지역 공동체는 그 꿈을 이루는 데 한층 더 가까이 다가갔지요. 왕가리가 불어넣은 환경 운동의 바람은 전 세계로 번져 나갔어요. 2011년 왕가리 마타이는 세상을 떠났지만, 지금도 사람들은 그의 뜻을 기리며 나무를 심고 있어요.

그린벨트 운동의 성공을 보여 주는 왕가리

엘리자베스 블랙웰

직업의 한계를 뛰어넘은 미국 최초의 여성 의사

행복했던 어린 시절

젊은 시절의 엘리자베스 블랙웰

엘리자베스 블랙웰은 1821년 영국 브리스톨에서 태어났어요. 그 시절 대부분 어른들은 아이들을 함부로 대했지만 엘리자베스의 부모님은 아홉 자녀들에게 늘 다정했고, 덕분에 엘리자베스는 행복한 어린 시절을 보냈답니다.

엘리자베스는 11살 때 가족과 함께 미국으로 떠났어요. 아버지는 노예들의 노동력이 필요한 설탕 사업을 하면서도, 노예 제도가 잘못되었다는 생각을 점점 굳혀 갔어요. 엘리자베스의 가족은 함께 노예제 반대 모임에 참석했고, 노예 해방을 지지하는 뜻에서 일부러 설탕을 먹지 않기도 했어요. 엘리자베스가 17살이 되던 해, 안타깝게도 아버지가 세상을 떠났어요. 집안 형편은 점점 기울기 시작했어요.

> **"개척자가 되기란 쉽지 않습니다. 하지만 무척 가슴 뛰는 일이지요!"**

치유의 손

엘리자베스의 언니들은 돈을 벌기 위해 여성을 가르치는 작은 학교를 세웠어요. 여기서 엘리자베스는 역사를 가르쳤지요. 그즈음 엘리자베스의 친한 친구가 암에 걸려 고통받고 있었어요. 죽음을 앞둔 친구는 자신이 여자 의사에게 편하게 진료를 받았다면 이렇게까지 병이 악화되지 않았을 거라고 이야기했어요. 그 말은 엘리자베스의 삶을 완전히 바꾸어 놓았지요. 사람 몸을 돌보는 일을 꺼리던 엘리자베스였지만, 의사가 되기로 굳게 마음먹었어요. 하지만 그 시대에 여자가 의사가 되는 일은 쉽지 않았어요. 전 세계 어느 나라에서도 여성 의사는 찾아보기 어려웠지요.

역사에 기록된 최초의 여성 의사는 기원전 350년 무렵 그리스에서 활약했던 아그노디케예요. 아이 낳는 일을 돕는 조산사나 민간요법으로 병을 고치는 여자들은 꽤 많았지만, 이들은 정식 교육을 받지 못했고 의사라는 이름으로 존중받지도 못했답니다.

엘리자베스가 살던 시대까지 의학계는 철저한 남자들의 세계였고, 여자는 발을 들이지 못했어요.

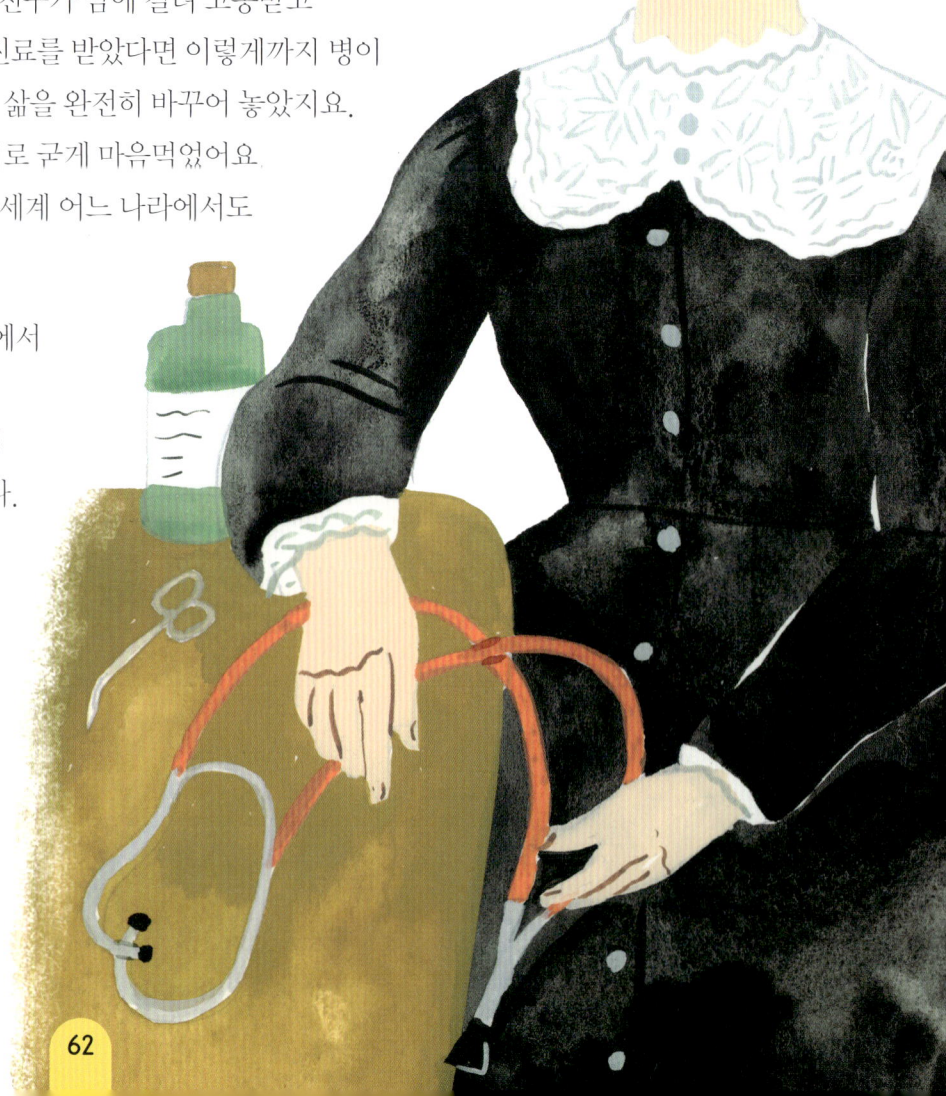

엘리자베스 블랙웰 박사

> **"여성의 자유로운 발전을 허락하지 않는 사회라면, 그 사회는 반드시 뜯어고쳐야 한다."**

엘리자베스는 아무도 가지 않았던 그 길을 가기로 했어요. 의사 친구 두 명에게 공부를 도와 달라고 부탁하고, 의과 대학 수십 곳에 입학 원서를 냈어요. 수없이 거절당하던 끝에, 뉴욕 제네바 의과 대학에서는 여학생이 입학하는 문제를 투표에 부치기로 했어요. 남학생들은 투표를 장난으로 생각하고 모두 찬성표를 던졌지요. 진지하게 생각한 결정은 아니었지만, 결과적으로 엄청난 변화의 씨앗이 되었어요. 첫 여성 의과 대학생이 탄생한 거예요.

미국 의과 대학을 졸업한 최초의 여성 의사 엘리자베스 블랙웰

엘리자베스가 미국 뉴욕에 설립한 여자 의과 대학의 학생들

1849년, 엘리자베스 블랙웰은 마침내 미국 여성 최초로 의과 대학 학위를 받았어요. 이어 영국 런던의 작은 병원에서 일했고, 이때 플로렌스 나이팅게일과 만나기도 했어요. 엘리자베스는 다시 프랑스 파리로 건너가 임신과 출산에 대하여 공부했어요. 그러던 중 결막염에 걸린 갓난아이를 돌보다 눈에 오염 물질이 들어가는 바람에 한쪽 눈의 시력을 완전히 잃었고, 결국 외과 의사가 되겠다는 꿈은 포기해야 했어요.

엘리자베스는 뉴욕으로 돌아왔지만, 여성 의사를 받아 주는 곳이 한 군데도 없자 직접 작은 병원을 차렸어요. 얼마 뒤 엘리자베스에게 여성 동료들이 생겼어요. 엘리자베스의 뒤를 이어 미국에서 세 번째 여성 의사가 된 동생 에밀리, 그리고 독일 출신 의사인 마리 자크르제프스카도 함께했지요. 세 사람은 여성을 위한 최초의 병원인 '뉴욕 빈곤 여성·아동 진료소'를 열었고, 10년 뒤에는 최초의 여자 의과 대학을 세웠답니다.

엘리자베스는 다시 영국으로 건너가서, 이곳에도 여자 의과 대학을 설립했어요. 또 영국 국립 보건 협회를 세워 일상 속 위생의 중요성을 알리려고 애썼지요. 그는 손만 잘 씻어도 많은 질병을 예방할 수 있다는, 당시로서는 매우 혁신적인 믿음을 가지고 있었어요.

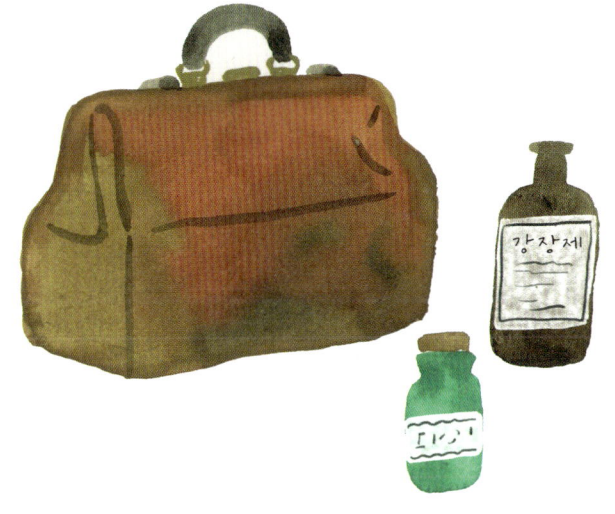

"한 교실의 여학생이 배우고 성취한 것은 결국 모든 여성의 자산이 된다."

세상을 움직이다

엘리자베스 블랙웰은 미국 최초의 여성 의사로서 임신과 출산을 앞둔 여성 수천 명이 안전하게 아이를 낳을 수 있도록 보살폈어요. 아울러 《여성의 의료계 진출을 열어 준 개척자의 길》을 비롯한 많은 책을 펴냈지요. 엘리자베스 블랙웰은 진정한 개척자였어요. 엘리자베스가 열어 놓은 의학계의 새로운 길을 곧 수많은 여성들이 따라 걷기 시작했으니까요. 가정을 돌보고 아이를 키우는 것만이 여성에게 주어진 삶이라고 생각했던 시절, 엘리자베스 블랙웰은 여성이 할 수 있는 일에 한계가 없다는 것을 당당하게 보여 주었어요.

에바 페론
가난한 이들과 여성 인권 보장을 위해 싸운 카리스마

젊은 시절의 에바 페론

파란만장한 삶의 시작

에바 마리아 페론은 1919년 아르헨티나 부에노스아이레스 근처의 작은 마을에서 태어났어요. 에바의 어머니와 다섯 남매는 아버지로부터 버림받아 몹시 가난하고 힘겨운 나날을 보내야 했지만, 에바는 활발한 성격을 타고나서 나무를 타거나 넓은 들판에서 뛰어놀며 자랐지요. 에바의 어머니는 마침내 아이들을 데리고 좀 더 큰 도시로 이사해서, 재봉사로 일하며 가족을 먹여 살렸지요.

에바는 학교에서 시 낭송하기를 좋아했어요. 감정을 가득 실어 시를 읽으면 감동한 친구들이 박수를 보냈어요. 학교 연극에 배우로 출연하여 인기를 끌기도 했지요. 에바는 틈나는 대로 극장에 가서 영화를 보면서 할리우드 영화의 스타들처럼 멋진 배우가 되는 꿈을 키웠어요. 그래서 15살 때 남몰래 짐을 꾸려 부에노스아이레스로 떠났어요. 제대로 연기 공부를 한 적은 없지만, 곧 영화와 연극에서 배역을 따냈어요. 라디오 배우로도 큰 성공을 거두어, 금세 유명한 연예인이 되었지요.

> **"내 삶에서 가장 큰 두려움은 잊히는 것이다."**

성녀 에비타

1944년 산후안에서 큰 지진이 나서 수천 명이 목숨을 잃는 일이 있었어요. 에바는 지진 희생자들을 돕기 위한 모금 행사에 참여했다가, 당시 노동부 장관이었던 후안 페론을 처음 만났어요. 두 사람은 나이 차이가 많이 났지만 금세 사랑에 빠졌어요. 얼마 안 있어 후안 페론은 반대 세력에 의해 감옥에 갇혔는데, 에바의 열정적인 석방 운동으로 곧 풀려났어요. 두 사람은 정식으로 결혼하였고, 1946년 후안 페론이 대통령 선거에 나서면서 부부가 함께 유세에 나섰어요. 이때 '에비타'라는 별명을 얻으며 큰 인기를 끈 에바 덕분에 후안 페론은 선거에서 승리했지요. 그 시대에는 여성이 정치에 참여하는 일이 드물었지만, 에바는 '여성 페론당'이라는 정당을 만들며 적극적으로 활동했어요.

'퍼스트레이디'가 된 에바는 가난한 사람들, 병원 환자들, 보육원 아이들을 살피는 데 많은 시간을 썼어요. 더 나아가 가난한 이들의 생계를 책임지고 의료비를 지원하는 '에바 페론 재단'을 만들었지요. 에바는 병원, 학교, 노숙자 쉼터를 짓고, 아르헨티나의 가난한 노동자들에게 신발과 옷을 나누어 주었어요. 또 유럽까지 건너가 가난한 아이들을 위한 기부금을 내기도 했어요. 많은 사람들이 에바를 '희망을 주는 여인'이라고 부르며 무척 고마워했어요. 하지만 한편에서는 인기를 끌기 위해 겉으로만 달콤해 보이는 정책을 펼 뿐이라며 비판하는 목소리도 만만치 않았어요.

반려견을 안고 있는 에바와 후안 페론

에바 페론은 여성 인권에도 관심이 많았어요. 여성도 참정권과 국가의 주요 자리에 오를 수 있는 권리를 가질 수 있게 하려고 많은 노력을 기울였고, 1947년 마침내 아르헨티나 여성들도 투표권을 갖게 되었지요. 또 에바가 이끄는 여성 페론당의 활동을 통해 수많은 여성들이 정치에 관심을 가지고 자기 목소리를 내기 시작했어요. 에바는 후안 페론 정부가 여성 노동자의 임금을 올리고, 이혼과 친권 문제 등 가족 관계에서 남녀평등권을 보장하고, 여성도 공무를 맡을 수 있도록 하는 등 다양한 여성 친화 정책을 펼치는 데 큰 역할을 했어요.

어느 날 에바는 갑자기 정신을 잃고 쓰러졌고, 암 진단을 받았어요. 이듬해에는 부통령 후보로 남편과 함께 출마했지만, 건강이 급격하게 나빠져 포기할 수밖에 없었어요. 1년 뒤 에바는 33살 젊은 나이로 세상을 떠났어요. 아르헨티나 국민 수백만 명이 거리에 나와 '국가의 정신적 지도자'였던 에바 페론의 죽음을 추모했답니다. 더러는 에바를 성녀로 받들자는 목소리도 있었지요. 가난한 이들의 편이 되어 주었던 '성녀 에비타'는 영원히 수많은 사람들의 기억 속에 남게 되었어요.

"부자에게 빈곤한 사람을 도우라 하면 대개 빈약한 대책만 떠올린다."

세상을 움직이다

에바 페론은 라틴아메리카 전체를 사로잡은 가장 힘 있는 여성이었어요. 야심만만하고 영리하면서도 다정한 마음을 지닌 에바는 어떻게 해야 원하는 것을 얻을 수 있는지 잘 알았어요. 가진 것이 전혀 없는 사람들에게 꿈을 심어 주고, 대신 그들의 사랑을 얻었지요. 에바에 대한 평가는 조금씩 엇갈리지만, 누구보다 매력적이고 카리스마 넘치는 여성으로서 아르헨티나 역사의 한 시대를 만들어 간 것만큼은 부정할 수 없는 사실이에요. 에바 페론은 오늘날에도 가난하고 소외된 사람들의 위대한 대변인으로서 사랑받고 있답니다.

"내게 가장 두려운 적은 시간이다."

에바 마리아 두아르테 드 페론

에바 페론 재단에서 선물을 나누어 주는 에바 페론

마리 퀴리

최초의 여성 노벨상 수상자였던 위대한 과학자

젊은 시절의 마리 퀴리

마리 스쿼도프스카 퀴리

어려움 속에서 싹튼 배움의 꿈

마리 퀴리는 1867년 폴란드 바르샤바에서 태어났어요. 원래 이름은 마리아 스쿼도프스카예요. 부모님은 모두 교사였고, 위로 오빠와 언니 네 명이 있었어요. 마리는 수학과 물리를 가르치는 아버지를 닮아 어릴 때부터 영리하고 호기심이 많았어요. 물론 학교 성적도 매우 뛰어났답니다.

마리는 대학에서 공부하고 싶은 마음이 간절했어요. 그러나 폴란드에서 여자는 대학에 갈 수 없었어요. 유학 생활을 하려면 돈이 많이 필요했고, 마리는 언니 브로냐와 번갈아 일하며 서로의 학비를 대기로 약속했어요. 언니가 공부하는 동안 마리는 가정 교사로 일하며 열심히 돈을 모아 학비를 보냈어요.

> " 삶은 누구에게나 쉽지 않다. 하지만 어쩌겠는가? 우리는 인내심을, 그리고 무엇보다 자신감을 가져야 한다. "

대단한 과학적 발견

드디어 자신이 공부할 차례가 오자, 마리는 프랑스 파리에 있는 소르본 대학에 들어갔어요. 수학과 물리학, 화학 분야에서 학사 학위를 받은 뒤 계속해서 수학과 물리학 석사 공부까지 해냈어요. 넉넉하지 못한 형편에 빵 한 조각과 차 한 잔으로 끼니를 때우기가 일쑤여서 영양실조로 쓰러지곤 했지만, 배움을 향한 열정은 사그라지지 않았어요. 그러던 중 물리학 교수인 피에르 퀴리를 만났고, 두 사람은 서로 한눈에 반해 부부가 되었어요.

마리는 남편과 함께 방사능 물질을 연구했어요. 당시 독일 물리학자 빌헬름 뢴트겐이 엑스선(X-ray)을 발견했고, 프랑스 물리학자 앙투안 베크렐은 우라늄이라는 금속 물질이 신비한 광선을 방출한다는 것을 발견했어요. 앙투안의 조수로 일하던 마리는 이런 현상을 두고 '방사능'이라고 이름 지었어요. 마리는 오늘날 우리가 원자 물리학이라고 일컫는 분야를 개척한 주인공이기도 해요. 원자 물리학은 물질의 가장 작은 형태인 원자가 어떻게 작용하는지 연구하는 학문이에요. 마리는 1898년에 딸 이렌느를 낳았고, 그 해에 피에르와 함께 두 가지 순수 원소 폴로늄과 라듐을 발견했지요. 특히 라듐은 우라늄보다도 훨씬 강한 방사능을 가진 원소였으며, 이들 원소의 발견으로 마리와 피에르는 1903년 노벨 물리학상을 받았어요. 역사상 처음으로 여성이 받은 노벨상이었지요.

하지만 3년 뒤 피에르가 갑작스러운 마차 사고로 세상을 떠나고 말았어요. 마리는 남편의 교수 자리를 이어받아, 650년 역사의 소르본 대학 최초로 여자 교수가 되었어요. 또 1911년에는 폴로늄과 라듐의 연구 성과를 인정받아 노벨 화학상을 받았지요. 오늘날까지도 서로 다른 학문 분야로 두 번이나 노벨상을 받은 사람은 마리 퀴리뿐이랍니다.

마리 퀴리가 발견한 두 가지 새로운 원소. 폴로늄은 조국 '폴란드'에서, 라듐은 불빛을 의미하는 라틴어 '라디우스'에서 따온 이름이다.

제1차 세계 대전이 일어난 동안, 전쟁터에는 부상으로 수술이 필요한 환자가 줄을 이었어요. 엑스선 촬영기를 이용하면 신속하게 의학적 결정을 내려서 더 많은 생명을 구할 수 있었지요. 그래서 마리는 의학용 엑스선 촬영기의 개발을 도왔고, 완성된 기계를 실은 트럭을 직접 몰아 최전선으로 향했어요. 마리 덕분에 수많은 부상병이 목숨을 구했고, 사람들은 이 기계를 '리틀 퀴리'라고 불렀어요.

마리 퀴리는 방사능 물질이 가득 담긴 시험관을 건강에 해로운 줄도 모른 채 주머니 속에 넣고 다니곤 했어요. 당시에는 방사능 물질의 위험성이 잘 알려지지 않았기 때문이에요. 방사능 물질을 활용한 암 치료 연구에 매달리던 마리는 정작 자신이 방사능에 노출되어 백혈병으로 목숨을 잃었답니다.

'리틀 퀴리'를 운반하는 마리 퀴리

> "살면서 두려워할 것은 아무것도 없다. 그저 이해하면 된다. 이제는 더 많은 것을 이해해서 두려움을 줄일 때다."

세상을 움직이다

역사상 가장 위대한 과학자로 평가받는 마리 퀴리는 방사능을 뿜어내는 새로운 두 원소 라듐과 폴로늄을 발견함으로써 과학계와 의학계에 엄청난 영향을 끼쳤어요. 오늘날에도 부러진 뼈나 몸속 질병을 확인할 때 엑스선 사진을 찍어서 환자를 진단하고 치료에 활용하지요. 마리 퀴리가 세상을 떠나고 60여 년이 지난 1995년, 마리와 피에르 부부의 유해는 프랑스의 주요 위인들이 잠들어 있는 국립묘지 '팡테옹'으로 옮겨졌어요. 여성으로서는 최초의 일이지요. 마리의 의지와 노력으로 이룬 과학적 성과는 지금까지 우리의 삶 곳곳을 밝혀 주고 있답니다.

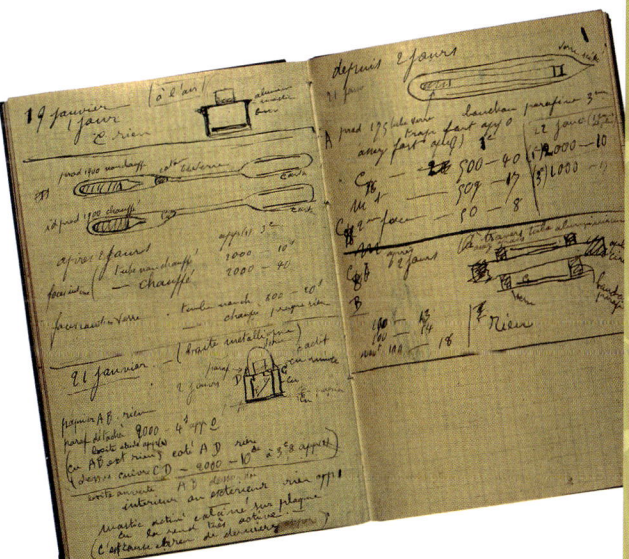

프랑스 국립 도서관에 있는 마리 퀴리의 연구 노트. 방사능 오염이 심해서 납땜한 상자에 보관한다.

> "진보에 다가가는 길이 빠르지도 순탄하지도 않음을 알게 되었다."

사고력과 문제 해결 능력

레이철 카슨

환경 운동을 이끈 생물학자이자 생태학자

자연의 경이로움을 느끼다

레이철 카슨은 1907년 미국 펜실베이니아주의 한 농장에서 태어나, 앨러게니강을 둘러싼 자연환경을 친구 삼아 자랐어요. 부모님, 특히 어머니는 어린 레이철에게 자연에 대한 사랑을 심어 주었고, 우리가 사는 세상이 얼마나 놀랍고 신기한지 스스로 느끼게 해 주었지요. 레이철은 어려서부터 글재주가 있었고, 11살 때 쓴 이야기가 어린이 잡지에 실리며 상을 받기도 했어요.

교사가 되고 싶던 레이철은 영문학을 공부하려고 했어요. 그런데 대학에서 들었던 생물학 강의에 몹시 흥미를 느꼈고, 결국 동물학으로 전공을 바꾸었지요. 그 시대 여학생으로서는 드문 선택이었어요. 레이철은 동물학으로 석사 학위를 받고 박사 공부에도 도전하려 했어요. 하지만 그 무렵 아버지가 갑자기 세상을 떠나자, 가족의 생계를 책임지기 위해 공부를 그만둬야 했답니다.

젊은 시절의 레이철 카슨

환경 운동의 불씨를 지핀 레이철 카슨의 《침묵의 봄》

지구를 보호하자

레이철은 미국 어업국에서 일하면서, 해양 생물에 관한 라디오 대본과 잡지 기사를 썼어요. 얼마 뒤에는 먼저 세상을 떠난 언니 대신 두 조카까지 맡아 돌보게 되었고요. 그렇게 바쁜 가운데서도 틈틈이 책을 써서 여러 차례 상을 받았답니다. 레이철의 글은 과학적 사실을 아름다운 이야기로 풀어내어 인기가 많았어요.

오늘날에는 지구 환경을 돌보아야 한다는 생각이 상식처럼 여겨져요. 하지만 당시에는 자연을 통제하고 적극적으로 활용할수록 인간에게 유익하고 현대적인 세상을 만들 수 있다고 생각했지요. 1939년 무렵부터 농부들은 농작물에 해로운 벌레를 없애는 살충제 DDT를 사용하기 시작했어요. 사람들은 DDT를 '기적의 치료제'라고 생각했어요. 하지만 레이철의 생각은 달랐지요. 레이철 카슨은 살충제나 농약의 잘못된 사용이 얼마나 위험한지 경고하고, 우리 모두의 생명이 지구와 깊이 연결되어 있다는 것을 알리기 시작했어요. 레이철은 우리가 먹고 마시고 숨 쉬는 일조차도 자연과 나누는 상호 작용이라고 생각했어요. 이는 자연을 바라보는 완전히 새로운 방식으로 여겨지며 엄청난 주목을 받았어요.

> "인간은 자연의 일부이다. 자연에 맞서 싸우는 것은 곧 자기 자신에 맞서는 것과 마찬가지이다."

레이철 카슨은 평범한 사람들에게 복잡한 과학을 알기 쉽게 설명하는 재주가 있었어요. 풍부한 사실 근거와 통계 자료를 바탕으로 지구를 보호해야 하는 이유를 쉽고 간단한 언어로 풀어냄으로써 환경 운동이 필요하다는 목소리를 분명히 전했지요.

살충제 사용 금지를 위해 목소리를 높인 레이철 카슨

레이철은 오염 물질이 생태계 먹이 사슬을 통해 옮겨지는 과정에 대해 연구했어요. 해충을 잡으려고 뿌린 DDT는 사라지지 않고 1차 소비자, 2차 소비자에게 차례로 전해졌어요. 최종 소비자에 가까울수록 오염 물질은 더 많이 쌓였지요. 이는 살충제에 직접 닿은 농작물이나 벌레보다, 벌레를 잡아먹은 새가 더 위험하다는 뜻이에요.

레이철 루이즈 카슨

" 자연에서 홀로 존재할 수 있는 것은 없다. "

레이철은 느릅나무 해충을 잡기 위해 흩뿌려진 DDT가 생태계 먹이 사슬을 따라 종달새를 죽이고, 종달새 소리가 사라진 '침묵의 봄'을 만드는 과정을 《침묵의 봄》에 담아 세상에 내놓았어요. 이 책을 읽은 존 F. 케네디 대통령은 과학자들을 모아 레이철이 제기한 문제들을 더 깊이 탐구하도록 지시했어요. 그렇게 DDT를 비롯한 화학 살충제의 위험성이 밝혀졌고, 곳곳에서 환경 운동의 기운이 싹텄어요. 이러한 변화에 레이철의 책이 결정적인 역할을 한 거예요.

한편 화학 살충제 개발에 많은 돈을 투자한 대기업에서는 환경 운동의 움직임에 분노하며 레이철을 지나치게 감정적이고 예민한 동물 애호가라며 비난했어요. 하지만 레이철은 당당하고 차분하게 활동 영역을 넓혀 갔지요. 진실을 덮어 버리기에는 이미 사회의 흐름이 바뀌었으니까요. 환경 운동의 열기는 곧 전 세계로 번졌어요. 안타깝게도 레이철은 긍정적 변화의 결실을 확인하지 못한 채 1964년에 눈을 감았답니다.

" 아름다운 지구를 생각하는 사람은 삶이 이어지는 동안, 살아갈 힘의 원천을 찾게 된다. "

세상을 움직이다

레이철 카슨은 사람들에게 자연의 가치를 인정해야 한다는 사실을 일깨웠어요. 살충제와 농약의 사용을 경고하고, 미래를 위해 지구를 아끼고 보호해야 한다고 강조했지요. 1965년, 레이철이 세상을 떠나기 전 〈우먼스 홈 컴패니언〉 잡지에 '당신의 자녀가 자연에서 놀라움을 느낄 수 있도록 도와라'는 제목으로 실었던 글이 《센스 오브 원더》라는 책으로 출간되었어요. 이 책은 《침묵의 봄》과 함께 자연을 다룬 가장 뛰어난 수필로 꼽힌답니다. 레이철 카슨은 뛰어난 문학적 감수성과 탄탄한 과학 지식, 자연과 사회에 대한 책임감이 한데 어우러진 위대한 작품을 남겼어요. 이는 지구를 위기에 빠뜨린 가장 커다란 적인 우리 스스로를 일깨워 세상에 커다란 변화를 불러왔지요.

에이다 러블레이스

세계 최초의 프로그래머

어린 발명가

어린 시절 에이다 러블레이스의 초상화

에이다 러블레이스는 1815년 영국 런던에서 태어났어요. 에이다의 아버지는 낭만파 시인 바이런으로, 당시에 잘생긴 천재 시인으로 뜨거운 인기를 누리고 있었어요. 하지만 가정에는 소홀했고, 에이다가 태어난 지 몇 주 만에 집을 떠난 뒤 숨을 거둘 때까지 단 한 번도 딸을 찾지 않았어요.

어머니 밀뱅크 부인은 일찍이 에이다에게 시와 문학 대신 과학과 수학 공부를 강조하여 가르치고, 에이다가 이성적인 사람이 되기를 바랐어요. 하나뿐인 딸이 아버지처럼 우울하고 제멋대로인 시인이 될까 봐 걱정스러웠거든요. 어머니는 에이다에게 감정을 스스로 다스리는 법을 가르치기 위해 몇 시간씩 꼼짝 않고 누워 있게 하기도 했어요. 다행히 에이다는 수학과 과학, 언어에 재능이 뛰어났고 공부를 즐겼어요. 그 시대에는 이런 과목이 여자가 공부하기에는 너무 어렵다며 가르치지 않았지만, 에이다는 이것이 터무니없는 선입견이라는 것을 증명해 보였어요.

에이다는 기계의 구조와 작동 원리에 관심이 많아서 직접 설계 도면을 그리기도 했어요. 당시는 산업 혁명이 일어나던 때였고, 증기를 동력으로 사용하는 훌륭한 기계 장치들이 새롭게 발명되고 있었어요. 에이다는 이 발명품들에 대한 책이나 논문을 찾아 읽고, 더 나아가 하늘을 날거나 물에 뜨는 기발한 장치들에 대한 자신만의 아이디어를 떠올려 보기도 했어요.

유명 과학자들의 영향

에이다는 귀족 집안의 딸이었기에 당대의 훌륭한 학자들로부터 개인 지도를 받을 수 있었어요. 에이다에게 수학을 가르친 메리 서머빌은 수학자이자 천문학자로서 영국 왕립 천문학회 최초의 여성 회원이었어요. 또 17살에는 메리 서머빌의 소개로 케임브리지 대학 수학 교수이자 발명가로도 유명한 찰스 배비지를 만났어요. 에이다는 찰스 배비지와 스승과 제자로서 돈독한 관계를 맺고, 일생 동안 서로 편지를 주고받으며 공동 연구를 이어 갔지요. 그 밖에도 수학자 오거스터스 드 모르간, 화학자이자 물리학자인 마이클 패러데이, 《올리버 트위스트》의 작가 찰스 디킨스 등 당대의 유명 인사들과 교류하거나 교육을 받기도 했어요.

알프레트 에드워드 샤론이 그린
에이다 러블레이스의 초상화
(1840년)

> **" 나의 두뇌는 죽어서도 사라지지 않는다. 세월이 지나면 알게 될 것이다. "**

오늘날 컴퓨터의 원형이 된 '차분 기관'

에이다는 20살에 결혼해 세 아이를 낳으며 러블레이스 백작 부인이 되었어요. 남편 윌리엄은 에이다의 학업과 글쓰기를 적극 지원했어요. 에이다는 결혼 후에도 스승 찰스 배비지와 자주 만났고, 찰스가 고안해 낸 발명품에 대해 함께 토론하기도 했어요. 그 가운데 가장 널리 알려진 것은 오늘날 컴퓨터의 원형이 된 '차분 기관'이에요. 차분 기관은 일종의 기계식 계산 장치였지요.

찰스 배비지는 훨씬 까다로운 수학적 계산이 가능한 '해석 기관'도 구상해 둔 상태였어요. 당시에 이탈리아 수학자인 루이지 메나브레가 해석 기관에 대해 프랑스어로 쓴 논문이 있었는데, 찰스 배비지는 자신이 구상한 해석 기관에 대해 누구보다 깊이 이해하고 있는 에이다에게 이 논문의 영어 번역을 부탁했어요.

" 나에게 종교는 과학이고, 과학은 내 종교다. "

" 연구하면 할수록 그 분야에 대한 나의 천재성이 채워질 수 없음을 느낀다. "

오거스타 에이다 러블레이스

에이다는 단순히 논문을 번역하는 데 그치지 않고, 이해를 돕기 위한 주석과 자신의 생각을 덧붙였어요. 덧붙인 글이 원래 논문보다 더 많은 분량을 차지할 정도였지요. 그렇게 완성된 〈찰스 배비지의 해석 기관에 대한 분석〉이라는 논문에 실린 에이다 러블레이스의 기록이 훗날 컴퓨터 프로그래밍의 기본 개념을 제시한 거예요.

세상을 움직이나

찰스 배비지가 구상한 해석 기관이 컴퓨터라는 기계 장치의 기본 개념을 만들었다면, 에이다 러블레이스는 이 기계를 활용하여 무엇을 할 수 있을지 다양한 구상을 펼쳤어요. 에이다의 구상에는 오늘날 컴퓨터 프로그래밍 언어의 기초 개념인 '루프', '서브루틴', '이프' 같은 구문이 들어 있었어요. 또 해석 기관이 단순히 숫자를 계산하는 일뿐만 아니라, 그림을 그리고 음악을 만드는 창의적 활동을 하거나 사람처럼 지능을 갖게 될 수도 있다고 생각했어요. 컴퓨터가 발명되기 100년도 더 전에 오늘날 컴퓨터가 할 수 있는 일을 예측해 낸 거예요.

안타깝게도 에이다 러블레이스는 자신의 생각이 현실로 이루어지는 것을 보지 못했어요. 당시에 해석 기관은 실제로 만들어지지 못한 채 구상으로만 끝났고, 사람들의 머릿속에서 잊혀 갔지요. 에이다는 백작 부인으로서 지루한 삶을 견디다 암에 걸려 겨우 36살 나이로 세상을 떠났어요. 그로부터 100년 가까이 지난 1940년대에 이르러서야 현대적 컴퓨터를 최초로 고안한 앨런 튜링에 의해 에이다의 업적이 세상에 알려졌어요. 오늘날 에이다 러블레이스는 '세계 최초의 프로그래머'이자 '컴퓨터 시대의 예언자'로 불린답니다.

히파티아

고대의 수학자이자 천문학자, 철학자

아버지의 재능을 물려받다

히파티아는 기원후 360년 무렵 고대 이집트의 도시 알렉산드리아에서 태어났어요. 알렉산드리아는 알렉산드로스 대왕이 기원전 4세기에 아프리카, 유럽, 아시아에 걸쳐 건설한 대제국의 도시 가운데 하나였고, 히파티아가 살던 당시에는 학문과 문화의 중심지였어요. 알렉산드리아 도서관은 고대 세계 최대의 도서관으로 70만 권에 이르는 두루마리 책을 소장하고 있었지요. 당대의 유명 학자들이 이곳에 모여들어 함께 연구하고 토론했어요.

히파티아의 아버지 테온은 수학자이자 천문학자였고, 왕실 부속 연구소인 무세이온의 교수이기도 했어요. 테온은 자신의 풍부한 학식을 딸 히파티아에게 고스란히 물려주었어요. 히파티아는 아버지와 함께 학구적인 도시의 도서관과 박물관에서 많은 시간을 보냈답니다.

> **"자신이 살아가는 시대에 영향을 미치고, 훗날까지 그 영향력을 이어 가는 사람은 영원히 기억될 것이다."**

수학자로의 삶과 죽음

히파티아는 점점 수학자이자 천문학자로 이름을 떨치며 가는 곳마다 환영을 받았어요. 여성이 이 분야에서 유명해진 것은 히파티아가 처음이었지요. 히파티아는 아버지의 생각을 바탕으로 기하학과 대수학 책을 썼어요. 또 학생들이 존경하고 따르는 훌륭한 교수로서 우주를 관찰하고 측정하기 위한 도구를 발명하고, 수의 이해를 돕고, 옛사람들의 철학을 가르쳤어요.

> **"스스로 생각할 권리를 찾아라. 잘못 생각하더라도 아예 생각을 안 하는 것보다는 훨씬 낫다."**

히파티아는 알렉산드리아 곳곳에서 많은 사람을 모아 놓고 플라톤이나 아리스토텔레스 같은 고대 철학자들의 사상을 가르쳤어요. 히파티아의 강의는 큰 인기를 끌었어요. 명확하고 논리적인 말솜씨와 풍부한 지식, 학문에 대한 열정과 사랑에 사람들은 아낌없는 박수를 보냈지요. 뛰어난 지성에 아름다운 외모까지 갖춘 히파티아에게 많은 남자들이 앞다투어 청혼했답니다. 하지만 히파티아는 신플라톤주의 학자로서 자신은 이미 '진리'와 결혼했다며 청혼을 거절했어요.

히파티아가 발명한 것으로 알려진
천체 관측 기구 '아스트롤라베'

히파티아의 인기가 점점 높아지는 동안, 알렉산드리아의 사회 분위기는 점점 나빠졌어요. 알렉산드리아 사람들은 기독교도 유대인과 비기독교도로 나뉘었고, 양쪽의 갈등은 점점 심해졌어요. 기독교는 지중해 세계의 주요 종교로 자리 잡았고, 기독교 신앙을 갖지 않은 이들을 '이교도'로 몰아붙였어요. 로마 황제 테오도시우스 1세는 기독교가 아닌 종교의 씨를 말리기로 했고, 급기야는 황제의 지원을 등에 업은 테오필로스 대주교가 알렉산드리아 도서관 일부를 부수기도 했지요.

알렉산드리아의 히파티아

곧 히파티아에게도 커다란 위기가 닥쳤어요. 기독교 극단주의 신자들이 히파티아를 이교도의 마녀로 몰아세우기 시작한 거예요. 진리를 추구하며 사상의 자유를 외치는 히파티아는 유일신인 하느님을 섬기는 기독교도들에게 눈엣가시 같은 존재였지요. 어느 날 광신도들은 강의하러 가던 히파티아를 납치한 뒤 잔인하게 고문해 죽였고, 시신을 불태웠어요. 히파티아의 충격적인 죽음은 어두웠던 그 시대를 상징하는 주요 사건이었어요. 종교 갈등으로 인해 시대의 지성이 한데 모인 도서관이 무너지고, 알렉산드리아를 대표하는 마지막 위대한 학자였던 한 여성이 비참한 죽음을 맞은 거예요.

" 삶은 진리를 밝히는 과정이다. 더 멀리 여행할수록 더 많은 진리를 밝힐 수 있다. 멀리 있는 것을 알기 위한 가장 좋은 준비는 가까이 있는 것들을 이해하는 것이다. "

마솔리노 다 파니칼레가 그린
《알렉산드리아의 철학자들》.
가운데 여인이 히파티아이다.

세상을 움직이다

히파티아의 죽음은 사람들이 미움과 두려움에 굴복했을 때 어떤 끔찍한 일이 벌어지는지 보여 준 안타까운 사건이에요. 히파티아는 진리를 추구하는 학문의 가치가 빛을 잃어 가던 시대를 상징하는 학자였어요. 그는 수학과 천문학에 관련된 책을 몇 권 썼지만 안타깝게도 전혀 남아 있지 않아요. 하지만 탁월한 강의와 열성적인 연구로 여러 기록에 이름이 남아 있지요. 히파티아는 여성의 존재는 찾아보기 힘들었던 고대의 학문 세계에서, 여성에게도 기회만 주어진다면 얼마든지 엄청난 성과를 만들어 낼 수 있음을 보여 주었어요. 또 비극적인 죽음을 통해 생각이 달라도 서로 이해하고 받아들이는 것이 얼마나 중요한지 일깨워 준 중요한 상징이 되었답니다.

로절린드 프랭클린

DNA 구조의 비밀을 밝혀낸 화학자

눈에 띄게 똑똑한 여학생

로절린드 프랭클린은 1920년 영국 런던의 부유한 유대인 집안에서 태어났어요. 어린 시절 로절린드는 놀랄 만큼 똑똑했어요. 특히 언어에 뛰어난 재능을 보였지요. 하지만 로절린드는 그 시대 여자아이로는 드물게 일찍감치 과학자가 되기로 마음을 정했고, 넉넉한 가정 환경 덕분에 훌륭한 교육을 받을 수 있었어요. 로절린드와 다섯 남매는 부모님과 함께 해외여행과 하이킹을 다니곤 했는데, 이는 로절린드가 평생토록 즐긴 취미 활동이기도 해요.

로절린드는 영국 케임브리지 대학에서 화학을 공부했어요. 특히 원자와 물질의 결정 구조를 연구하는 분야인 '결정학'에 흥미를 느꼈어요. 대학을 졸업한 이후에는 프랑스 파리의 국립 화학 연구소에서 일했어요. 이때 엑스선을 이용해 물질의 구조와 모양, 상태 등을 확인하는 '엑스선 결정학' 연구에 푹 빠졌답니다.

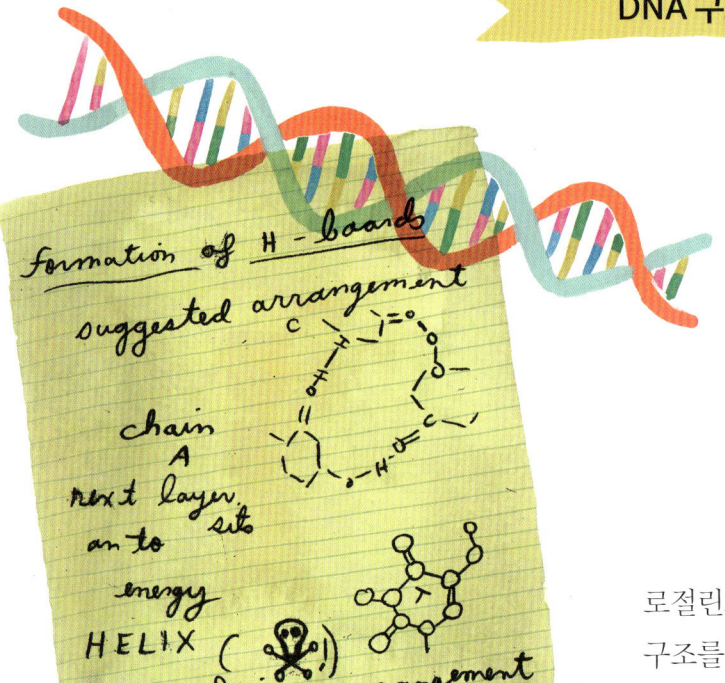

로절린드 프랭클린이 남긴 실험실 노트.
DNA의 구조를 밝힌 연구 과정이 담겨 있다.

인정받지 못한 연구 성과

로절린드는 엑스선 결정학의 전문가가 되어 런던으로 돌아왔고, 런던 대학 킹스 칼리지에서 연구를 이어 갔어요. 연구의 핵심은 엑스선 결정학을 활용해 DNA의 구조를 밝혀내는 것이었지요. DNA에는 우리가 유전자라고 부르는 암호의 정보가 담겨 있어요. 유전자는 우리 몸속 세포에 특정한 단백질을 만드는 법을 전하고, 이 단백질들은 세포에 성장하고 활동하는 법을 알려 준답니다. 그러니까 세포가 컴퓨터라면, DNA는 그 컴퓨터를 작동하게 하는 프로그램이라고 할 수 있지요. 우리가 가진 DNA는 부모님에게 물려받은 염색체로 이루어져 있으며, 현재 우리 모습을 만드는 것이 바로 DNA예요.

로절린드 엘시 프랭클린

> **" 최선을 다하면 성공에 가까워지고 그 성공이 가치 있다고 믿는 것, 그것이 꼭 필요한 단 하나의 믿음이다. "**

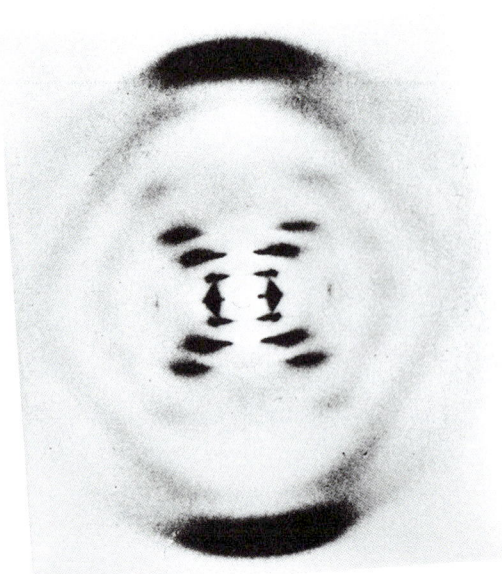

로절린드가 엑스선으로 촬영한 DNA.
왓슨과 크릭은 이 사진을 보고서야
DNA 구조의 비밀을 이해했다.

1869년 스위스 생물학자 프리드리히 미셔가 최초로 DNA의 정체를 확인했지만, 당시 과학자들은 여전히 DNA의 비밀에 다가가지 못했어요. 현미경으로 관찰한 DNA는 길쭉한 한 가닥의 끈처럼 보였으니까요. 따라서 엑스선 사진을 통해 DNA가 어떤 모양인지 알아내는 것이 무척 중요했어요. 로절린드 프랭클린은 연구를 거듭한 끝에 '51번 사진'에서 DNA의 '이중 나선' 구조를 선명하게 촬영했어요. 과학 역사상 위대한 발견이었지요.

> "과학과 일상생활은 나누어 생각할 수도 없고, 생각해서도 안 된다."

그러나 로절린드가 활동하던 시대에 여성이 이룬 연구 성과는 무시당하기 일쑤였어요. 로절린드는 뛰어난 과학자였지만, 남성 동료의 불편한 시선은 사라지지 않았어요. 게다가 로절린드와 사이가 좋지 않았던 과학자 모리스 윌킨스는 로절린드에게 허락도 구하지 않고, DNA 구조가 찍힌 사진을 또 다른 과학자 제임스 왓슨과 프란시스 크릭에게 보여 주었어요. 그 사진의 가치를 한눈에 알아본 두 사람은 로절린드의 연구 결과 몇 가지를 이용해 DNA의 이중 나선 모형을 만들어 냈답니다.

> "과학은 삶의 어떤 부분을 설명해 주기도 한다. 삶에는 사실과 경험, 실험이 필요하다."

그즈음 로절린드 프랭클린은 자신이 암에 걸렸다는 사실을 알게 되었어요. 하지만 그 뒤에도 2년 동안 더 연구에 몰두하다가 결국 37살이라는 젊은 나이에 눈을 감았어요. 로절린드가 세상을 떠나고 4년이 지난 뒤, 크릭과 왓슨, 윌킨스는 DNA의 화학 구조를 발견한 업적을 인정받아 노벨 생리의학상을 받았어요. 그러나 로절린드의 사진과 연구 성과에서 도움을 얻었다는 사실은 끝내 밝히지 않았지요. 안타깝게도 로절린드는 자신의 발견이 훗날 인간의 몸을 이해하는 방식에 변화를 가져왔고, 더 나아가 의학 발전에도 크게 이바지했다는 사실을 끝내 알지 못했답니다.

1956년 촬영한 사진 속 로절린드 프랭클린

세상을 움직이다

로절린드 프랭클린은 DNA 구조 발견으로 과학계에 커다란 변화를 가져왔어요. 또 DNA에 담긴 유전 정보에 따라 단백질을 생산하는 RNA에 대해서도 연구했지요. 로절린드는 그 밖에도 다양한 연구를 계속하여, 소아마비를 비롯한 여러 질병의 원인을 밝히는 데 이바지했어요. 로절린드의 연구 성과는 살아생전 제대로 인정받지 못했지만, 유전자의 기본 구조를 발견하는 데 결정적인 역할을 한 업적이 뒤늦게나마 높은 평가를 받고 있어요. 로절린드 프랭클린은 죽음을 앞둔 순간까지 연구에 몰두하며 오늘날 생명 과학이 발전하는 데 커다란 공을 세웠답니다.

메리 애닝

세상을 놀라게 한 고생물학자이자 화석 수집가

12살 메리 애닝은 처음 어룡 화석을 발견했어요.

조개껍데기를 팔던 소녀

메리 애닝은 1799년 영국 남부의 작은 바닷가 마을 라임리지스에서 태어났어요. 집안 형편은 어려웠고, 메리는 어릴 때부터 바닷가의 화석을 주워 관광객들에게 팔곤 했어요. 메리는 영리하고 호기심이 많은 아이였어요. 당시 영국 부유층에서는 화석 수집이 유행했는데, 마침 메리가 살던 마을은 화석이 자주 발견되는 '쥐라기 해안'에 있어 인기를 누렸지요. 메리는 그러는 틈틈이 교회에서 운영하는 일요 학교에 가서 읽고 쓰는 법을 배우기도 했어요.

메리는 바닷가를 거닐며 화석과 조개껍데기를 주워 모으는 일이 재미있다고 생각했어요. 하지만 그 시대에는 공룡이나 화석을 연구해야 한다는 인식조차 없었어요. 보통 사람들은 화석을 '용의 이빨'이라고 부르며 신화와 전설에 관련된 물건쯤으로 여겼어요. 1억 8000만 년 전 쥐라기에 공룡과 암모나이트처럼 실제로 살았던 생물의 증거품이라고는 아무도 생각지 못했어요. 지질학은 이제 막 생겨난 과학의 한 분야로 아직 사람들의 신뢰를 얻지 못했던 때에요. 당시에는 성경의 '창세기'처럼 세상이 만들어졌다고 믿었어요. '진화'라는 개념은 겨우 싹을 틔운 정도였답니다.

메리는 11살 때 아버지를 여의었고, 이때부터 화석을 팔아 돈을 버는 일이 더욱 중요해졌어요. 돈을 벌어야 어머니와 형제들이 먹고살 수 있었으니까요. 영어 발음을 연습하는 말장난 '쉬 셀즈 시셸즈 온 더 시쇼어(She sells seashells on the seashore. 그녀는 바닷가에서 조개껍데기를 판다.)'는 메리 애닝의 사연에서 비롯되었다는 말도 있어요.

메리 애닝

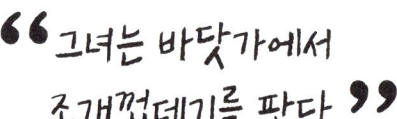 

"그녀는 바닷가에서 조개껍데기를 판다."

공룡을 발견하다

메리는 화석을 줍는 일에 열심이었어요. 어느 날 메리와 오빠 조지프는 커다란 뼈 하나를 발견했어요. 남매는 흙 속에 묻힌 뼈를 파내면서 그것이 오래전에 살던 거대한 바다 동물의 뼈일지도 모른다고 생각했지요. 역사상 처음으로 완전한 어룡의 화석을 발견한 거예요. 이 발견으로 12살 메리 애닝은 하루아침에 세계에서 가장 유명한 고고학자이자 화석 연구가가 되었어요. 메리는 여느 과학자들과는 완전히 달랐어요. 정식 훈련은커녕 학교 교육도 거의 받지 못했고, 그저 화석을 주워 팔던 가난한 소녀일 뿐이었으니까요.

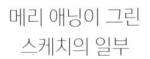

메리 애닝이 그린 스케치의 일부

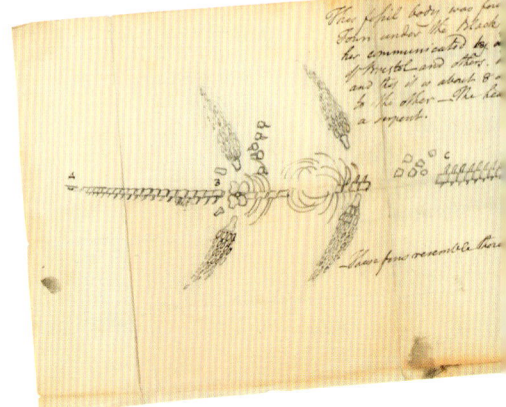

> **과거와 현재의 생물체 사이에는 서로 닮은 점이 있다.**

메리는 날마다 바닷가를 누비며 화석을 찾아다녔어요. 메리는 오래전 공룡이 남긴 흔적을 찾으면서 창자 부분에서 발견된 화석이 '공룡의 똥'이라는 사실을 밝혀내기도 했어요. 메리는 모은 화석을 분류하기 시작했고, 곧 화석 전문가가 되었답니다.

몇 년 뒤, 메리는 또 한 번 엄청난 화석을 발견했어요. 메리가 선보인 플레시오사우루스의 흔적은 너무 생생해서 모두의 의심을 받기도 했어요. 이전까지 이런 공룡을 본 사람은 아무도 없었으니까요. 하지만 그것이 진짜 플레시오사우루스의 화석임이 밝혀지자 학자들은 비로소 메리의 발견을 인정하고 존중했답니다. 메리는 정식으로 과학 공부를 한 적은 없지만, 집요하게 화석을 발굴하고 연구하면서 누구보다 화석을 잘 알게 되었어요. 하지만 메리가 발견한 화석을 지질 학계에 보고하여 과학적 명예를 얻는 이는 화석을 구입한 부유층 남성들이었지요.

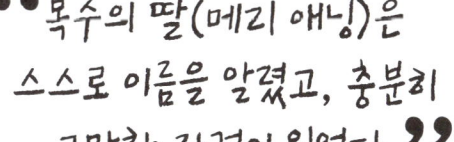

> **목수의 딸(메리 애닝)은 스스로 이름을 알렸고, 충분히 그만한 자격이 있었다.**
> — 찰스 디킨스

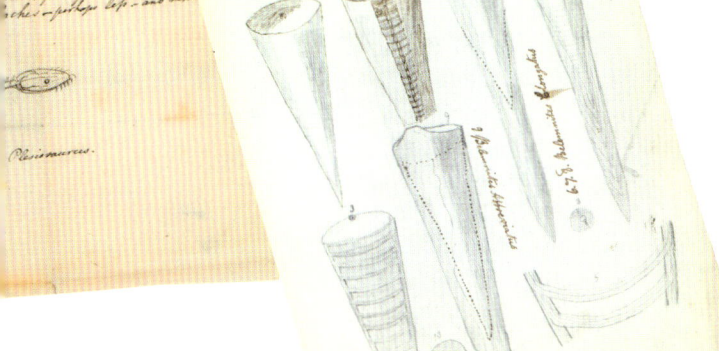

세상을 움직이다

메리 애닝은 고생물학 연구의 수준을 높인 위대한 과학적 발견을 여러 번 해냈어요. 하지만 여자라는 이유로 업적을 제대로 인정받지 못했지요. 지구의 역사를 이해하는 데 빼놓을 수 없을 만큼 중요한 화석들을 찾아낸 메리 애닝의 발견이 없었다면, 훗날 찰스 다윈 같은 과학자들도 나오지 못했을 거예요. 이후 과학자들은 메리가 발견한 화석들을 통해 지구의 나이를 가늠했고, 먼 옛날에는 오늘날 멸종한 다양한 생물체가 살았다는 진화론을 발전시킬 수 있었어요. 메리가 과거와 현재를 잇는 연결고리 역할을 한 셈이지요.

안타깝게도 메리 애닝은 이른 나이에 세상을 떠났어요. 메리가 살았던 삶은 짧지만 대단한 의미가 있어요. 메리가 발견한 화석들을 통해 지질학 중에서도 고생물학은 과학의 주요 분야로 자리 잡았답니다. 메리 애닝은 지구의 역사를 새롭게 이해하는 데 이바지함으로써 과학계의 큰 성취를 이루었어요.

캐서린 존슨

'인간 컴퓨터'로 활약한 천재 수학자

수의 마법에 빠지다

캐서린 존슨은 1918년 미국 웨스트버지니아주의 작은 마을에서 사 남매 가운데 막내로 태어났어요. 아버지는 농부, 벌목꾼, 수리공 등 돈벌이가 되는 일은 무엇이든 했고, 엄마는 학교 선생님이었어요. 어린 시절 캐서린은 학교 공부를 무척 좋아했어요. 특히 수학에 뛰어난 재능을 보였지요. 하지만 캐서린이 살던 지역에서 아프리카계 미국인 아이들은 13살 때까지만 학교에 다닐 수 있었어요. 또 '분리 정책'에 따라 일반적이어서, 흑인 학생과 백인 학생은 서로 다른 학교에서 공부해야 했어요. 캐서린의 부모님은 아이들이 원하는 만큼 공부를 해 더 나은 미래를 맞이할 수 있기를 바랐고, 아이들이 계속 학교를 다닐 수 있는 지역으로 이사를 갔답니다.

캐서린은 10살 나이에 뛰어난 학습 능력으로 14살 아이들과 함께 공부했어요. 또 15살에는 이른 나이로 대학에 입학했고, 대학을 졸업한 뒤에는 교사가 되었어요. 결혼을 한 뒤에는 교사 일을 그만두고 웨스트버지니아 대학의 대학원에 들어가 수학 공부를 계속 이어 갔어요.

나사에서 일할 당시의 캐서린 존슨

인간 컴퓨터

캐서린의 마음속에는 학문에 대한 열망이 가득했지만, 아이를 가지면서 학업을 포기해야 했어요. 캐서린은 세 딸의 어머니가 되었지요. 1953년, 아이늘이 어느 정도 자라자 캐서린은 나사(NASA, 미국 항공 우주국: 캐서린 존슨이 들어가던 당시 '미국 항공 자문 위원회 NACA'였던 조직을 해체하고 1958년부터 설립한 국가 기관)에서 일자리를 구했어요. 당시 상관이던 도로시 본은 캐서린의 남다른 실력을 한눈에 알아보았어요.

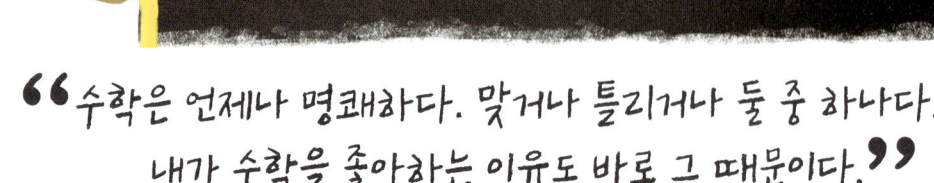

"수학은 언제나 명쾌하다. 맞거나 틀리거나 둘 중 하나다. 내가 수학을 좋아하는 이유도 바로 그 때문이다."

캐서린은 미국 최초의 우주 비행사 앨런 셰퍼드와 함께 일했어요. 우주선의 비행경로를 수학적으로 계산했는데, 우주선이 달까지 안전하게 다녀오기 위해 따라가야 할 길을 정하는 일이었지요. 캐서린은 우주에서 오도 가도 못하게 된 아폴로 13호 우주 비행사들이 지구로 무사히 돌아오는 데도 힘을 보탰어요. 때로는 복잡하고 어려운 계산에 부딪히기도 했어요. 이럴 때는 사다리 위에 올라가 천장과 비슷한 높이의 거대한 칠판 위쪽에서부터 바닥까지 천천히 내려오며 방정식을 풀어냈답니다.

'인간 컴퓨터'로 불리던 캐서린 존슨

> "나는 언제나 수를 헤아렸다. 길을 걸을 때는 걸음 수, 교회에 갈 때는 계단 수, 설거지할 때는 접시와 포크의 수까지 셀 수 있는 것은 모두 세었다."

캐서린은 남편이 병으로 세상을 떠나고 세 딸을 홀로 키우면서도 일을 멈추지 않았어요. 우주선의 비행 궤도와 착륙 지점을 정확히 계산하며 이른바 '인간 컴퓨터'로 활약했어요. 몇 년 뒤 제임스 존슨과 재혼하고는 남편의 적극적인 지원을 받았지요. 1962년 우주 비행사 존 글렌은 캐서린에게 미국 최초의 유인 인공위성인 프렌드십 7호의 비행경로를 확인해 달라고 부탁했어요. 사실 이미 컴퓨터가 계산한 값이 있었지만, 캐서린에게 다시 계산해 달라고 한 것은 그만큼 그녀의 특별한 능력을 인정한다는 뜻이기도 했어요. 존 글렌은 당시를 회상하며 말했어요. "캐서린이 계산식을 살피고 이제 됐다고 해야 출발 준비가 완벽히 끝난 거예요."

> "세상의 모든 이치는 물리학과 수학으로 밝힐 수 있다."

세상을 움직이다

나사는 캐서린 존슨을 '로켓 과학의 교과서를 쓴 장본인'으로 평가해요. 1986년 은퇴하기 전까지 30년 가까이 나사를 지키며 수많은 우주 프로젝트에 필요한 수학 계산을 도맡아 했으니까요. 캐서린은 이러한 공로를 인정받아 97살이 되던 2015년 버락 오바마 대통령으로부터 필라델피아 자유 메달을 받았어요.

캐서린 존슨이 해낸 많은 일들이 더욱 특별한 이유는 미국 남부의 인종 갈등이 여전히 심각하던 시기에 시대를 앞서 중요 임무를 수행했다는 데 있어요. 지금도 캐서린은 수많은 젊은이에게 기술과 과학, 공학, 수학의 중요성을 강조하지요. 캐서린 존슨의 두 발은 여전히 땅을 단단히 딛고 서 있지만, 두 눈은 언제나 하늘의 별을 향하고 있답니다.

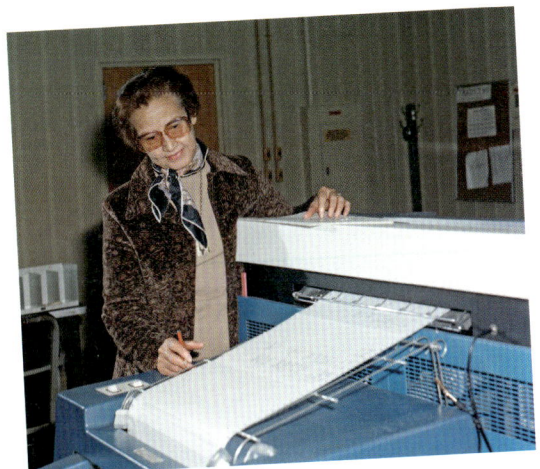

나사 랭글리 연구 센터에서 캐서린 존슨(1980년)

사고력과 문제 해결 능력

도러시 호지킨

시대를 앞서간 화학자이자 노벨상 수상자

과학을 향한 도전

도러시 호지킨은 1910년 이집트에서 영국인 고고학자 부부의 딸로 태어났어요. 도러시와 세 여동생은 어릴 때부터 부모님 곁을 떠나 영국에서 학교에 다녔어요. 도러시는 부모님 덕분에 고고학에 흥미를 느끼며 고대 모자이크 그림을 좋아했어요. 하지만 10살 도러시가 가장 좋아한 건 화학이었답니다. 특히 물질을 이루는 본질과 바탕을 파헤치는 데 흥미를 느꼈어요. 어머니는 그런 도러시에게 화학 책을 사 주며 배움에 대한 열정을 북돋워 주었어요.

도러시가 과학 공부를 하기 위해서는 용기와 도전이 필요했어요. 당시에는 대학에 가는 여성이 드물뿐더러 특히 여자에게 과학 분야의 문은 쉽사리 열리지 않았어요. 하지만 도러시는 포기하지 않았고, 영국 옥스퍼드 대학에서 우수한 성적으로 화학 학위를 따냈어요.

젊은 시절의 도러시 호지킨

끝없는 연구와 발견

도러시는 물질을 이루는 성질과 구조를 연구했고, 곧 과학의 미스터리를 푸는 데 도전했어요. 유기 화합물은 모든 생명을 구성하는 기본 재료이며 이를 이루는 주된 원소는 탄소예요. 도러시는 유기 화합물을 연구하기 위해 '엑스선 결정학'을 활용했고, 미세한 결정의 사진을 찍은 최초의 과학자가 되었어요. 더 나아가 자연에서 유기 화합물이 어떻게 만들어지는지 알아냈고, 이를 통해 중요한 과학적 발견에 수차례 성공했어요.

도러시는 세 아이의 어머니이기도 했어요. 도러시는 류머티즘 관절염을 앓고 있었는데, 임신한 동안 병세가 호전되는 걸 확인했어요. 임신 중에 증가하는 호르몬이 염증을 줄이는 데 효과적이었기 때문이지요. 그러면서 도러시는 호르몬 연구를 하기로 마음먹었어요. 처음에 도러시는 우리 몸의 혈당량을 조절하는 호르몬 '인슐린' 연구에 집중했어요. 그런데 1939년 제2차 세계 대전이 터지면서 전쟁터에서 부상자 치료에 도움이 될 항생제가 필요해졌어요. 도러시는 인슐린 연구를 잠시 미루고 '페니실린' 연구에 뛰어들었답니다. 페니실린은 1928년 알렉산더 플레밍이 발견한 항생 물질로, 세균 감염을 막는 데 효과가 있어요. 이를 의약품으로 만들려면 분자 구조를 밝혀 대량 생산을 해야만 했지요. 도러시는 4년의 연구 끝에 페니실린의 분자 구조를 밝혀냈고, 그 결과 실험실에서 대량 생산된 페니실린으로 수백만 명의 생명을 구하는 데 이바지했어요.

도러시가 발견한 페니실린의 분자 모형

❝나는 화학의 매력에 영원히 사로잡혔다.❞

❝분자 구조는 복잡해서 더 끌린다.❞

도러시는 다음으로 비타민 B_{12}에 대한 연구에 들어갔어요. 비타민 B_{12}는 우리 몸에서 DNA와 적혈구 생성을 돕기 때문에 부족할 때는 빈혈이 생겨요. 도러시가 이끄는 연구팀은 비타민 B_{12}의 분자 구조가 이전까지 연구했던 어떤 유기 화합물보다 더 복잡하다는 사실을 알아냈어요. 분자의 구조는 3차원 퍼즐과도 비슷해요. 분자가 어떻게 작용하는지 알려면 먼저 분자의 결합 상태를 알아내야 해요.

도러시는 컴퓨터로 복잡한 계산을 처리했는데, 화학 분야에서는 이런 시도가 처음이었어요. 도러시는 비타민 B_{12}의 작용은 물론이고, 다른 화학 물질들과 어떻게 연결되는지도 밝혀냈답니다.

도러시 호지킨은 페니실린과 비타민 B_{12}의 연구 성과를 인정받아 1964년 노벨 화학상을 받았어요. 심사 위원들은 그의 연구가 화학 영역 자체를 확장했다고 평가했지요. 이후 도러시는 잠시 미루었던 인슐린 연구에 박차를 가했어요. 인슐린을 둘러싼 비밀은 연구를 시작한 지 34년 만에 밝혀졌답니다. 인슐린의 구조는 무척 복잡했어요. 발전된 컴퓨터의 도움을 받을 수 있을 때까지 긴 시간을 기다린 보람이 있었지요.

도러시 메리 크로풋 호지킨

> "나는 분자 구조를 밝히는 데 평생을 바쳤지만, 밝혀낸 것보다 밝혀내지 못한 것이 더 많다."

단백질 구조 모형을 선보이는 도러시 호지킨

세상을 움직이다

도러시 호지킨은 전 세계를 돌며 당뇨병 같은 질병 치료에 반드시 필요한 인슐린의 중요성을 알렸어요. 도러시는 과학계를 흔든 획기적 발견에 성공한 화학자로서, 과학의 힘이 더 나은 세상을 만들 수 있다고 굳게 믿었어요.

도러시는 세계 평화를 지키기 위해서도 애썼어요. 특히 제2차 세계 대전 이후 세계 곳곳에서 일어나는 빈곤 문제에 관심을 쏟았고, 제3세계를 돕는 일에 적극적으로 나섰지요. 1994년 도러시가 세상을 떠났을 때, 사람들은 위대한 과학자이자 평화의 수호자였던 그의 죽음을 애도했답니다.

사고력과 문제 해결 능력

다이앤 포시

고릴라에 대한 인식을 바꾼 과학자

동물을 사랑하다

다이앤 포시는 1932년 미국 캘리포니아주 샌프란시스코에서 태어났어요. 다이앤은 어려서부터 동물과 함께 보내는 시간을 좋아했고, 6살에는 말타기를 배웠어요. 학교에 다닐 무렵에는 말을 모는 실력이 부쩍 늘었고, 공부도 잘했지요. 대학에서는 질병이나 장애를 가진 환자들이 일상생활에 적응하는 훈련을 돕는 '작업 치료사' 과정을 마쳤어요. 그리고 어린이 전문 병원에서 일하면서 아이들과 지냈지요. 하지만 동물을 사랑했던 다이앤은 농장에서 동물들을 돌볼 때 가장 행복했답니다.

세상을 떠나기 1년 전, 다이앤 포시의 모습

다이앤은 야생 동물의 천국인 아프리카에 가 보고 싶었어요. 그래서 아프리카 여행을 위해 돈을 모았지요. 마침내 호기심과 설레는 마음을 안고 우간다 산악 지대에 도착한 다이앤은 난생처음 야생 고릴라와 마주했어요. 그 짧은 순간은 다이앤의 삶을 완전히 바꿔 주었지요.

안개 속의 고릴라

미국으로 돌아온 다이앤은 다시 아프리카에 갈 계획을 세웠어요. 뒤이어 자이르(오늘날 콩고 민주 공화국)와 르완다에서 야생 고릴라 연구팀을 이끌며 본격적인 고릴라 관찰에 나섰지요. 다이앤은 고릴라를 관찰할 때 참을성 있게 기다렸어요. 고릴라의 행동을 흉내 내어 보기도 했답니다. 고릴라들도 다이앤에게 조금씩 마음을 열었어요. 다이앤은 고릴라 코 주변에 있는 고유한 무늬인 '비문'을 통해 고릴라를 일일이 구별했고, 덕분에 고릴라와 친구가 되었어요. 수년 동안 고릴라의 모든 행동을 관찰한 다이앤은 그 기록을 꼼꼼히 남겼답니다.

사람들은 고릴라가 사나운 동물이라고 오해했어요. 다이앤은 고릴라가 얼마나 온순한지 알리고 싶었지요. 실제로 고릴라를 관찰하는 수천 시간 동안 공격적인 행동은 채 5분도 나타나지 않았어요. 더욱이 그런 행동조차 사람을 해치려는 의도가 담기지 않았고요. 다이앤은 영국 케임브리지 대학에서 동물 행동학 박사 학위를 받았고, 고릴라 생태 연구를 이어 갔어요.

> **"고릴라와 함께 있으면 마음이 편안하다."**

새끼 고릴라와 함께 노는 다이앤

"고릴라의 품격을 알면 알수록 점점 더 사람을 피하고 싶어진다."

그 무렵 고릴라들은 위기에 빠져 있었어요. 1980년대 중반, 아프리카 산악 고릴라의 개체 수는 눈에 띄게 줄어서 겨우 254마리만 남았어요. 다이앤은 절박한 마음으로 고릴라 연구에 매달렸고, 야생 고릴라의 멸종을 막기 위해 애썼어요. 무엇보다 국립공원에서 불법적인 사냥을 일삼는 밀렵꾼을 막아야 했지요. 사실 밀렵꾼은 고릴라를 노리지 않았지만, 다른 동물들을 잡으려고 놓은 덫에 고릴라가 걸려들곤 했어요. 급기야 다이앤은 '적극적인 고릴라 보호'에 나섰어요. 불법 사냥을 감시하는 순찰대를 만들어 밀렵꾼을 쫓아냈고, 사람들이 국립공원 안으로 가축 떼를 몰고 들어와 고릴라의 서식지를 망가뜨리지 못하도록 가축들에게 물감 스프레이를 뿌려 경고했어요. 이웃 주민들은 이런 행동을 못마땅하게 여기기도 했지만, 다이앤은 의지를 굽히지 않았답니다.

다이앤은 주변의 고릴라 모두를 정성껏 보살폈어요. 특히 '디지트'라고 이름을 붙인 고릴라와는 가장 가까운 친구가 되었답니다. 그런데 어느 날 디지트마저도 밀렵꾼의 손에 죽임을 당했고, 다이앤은 슬픔에 빠졌어요. 이 일을 계기로 다이앤은 고릴라의 생태를 담은 책 《안개 속의 고릴라》를 세상에 내놓았어요. 훗날 영화로까지 만들어진 이 책은 곤경에 빠진 고릴라의 현실을 세상에 알리는 데 큰 역할을 했답니다. 안타깝게도 다이앤 역시 디지트처럼 갑작스러운 죽음을 맞이했어요. 르완다의 오두막에 머물던 다이앤은 누군가에게 살해당했고, 그 죽음에 대해서는 지금까지도 밝혀지지 않았어요. 그렇게 다이앤은 사랑하는 친구 디지트 곁에 잠들었어요.

"오늘 동물을 죽이는 자는 내일 자신에게 방해되는 인간을 죽일 것이다."

세상을 움직이다

다이앤 포시가 펼친 아프리카 산악 고릴라에 대한 연구와 보호 활동을 통해 이 놀라운 생명체를 바라보는 세상 사람들의 시각이 달라졌어요. 나아가 고릴라를 보호하자는 움직임도 이어졌지요. 아직도 고릴라의 터전은 위협받고 있지만, 개체 수는 조금씩 늘어나고 있어요. 2012년 기준 아프리카에 서식하는 산악 고릴라의 수는 880마리에 다다랐고, 다이앤이 조사했던 개체 수보다 네 배나 많아졌어요. 고릴라를 지키려는 다이앤 포시의 노력이 없었다면 이미 고릴라는 멸종했을지도 몰라요. 그가 생전에 만든 '다이앤 포시 국제 고릴라 기금'은 지금도 고릴라 보호 운동을 활발히 이어 가고 있답니다.

사고력과 문제 해결 능력

발렌티나 테레시코바

우주여행에 나선 최초의 여성

야로슬라프 비행장에 서 있는 젊은 시절의 발렌티나 테레시코바

1963년 소련에서 발행한 발렌티나 테레시코바 우표

낙하산을 향한 열정

발렌티나 블라디미로브나 테레시코바는 1937년 소련(소비에트 연방의 줄임말, 오늘날 러시아) 서부의 작은 마을에서 태어났어요. 발렌티나가 2살 때 제2차 세계 대전에 참전한 아버지가 세상을 떠났고, 어머니는 방직 공장에서 일하며 혼자 힘으로 발렌티나와 세 아이를 키웠지요. 발렌티나는 남들보다 늦은 8살이 되어서야 학교에 갈 수 있었고, 17살에는 학교를 그만두고 어머니와 공장에서 일해야 했어요.

발렌티나는 매우 영리했어요. 공장에 다닐 때에도 집에서 혼자 공부를 계속했지요. 또 취미로 낙하산 타는 법도 배웠어요. 발렌티나는 밤낮을 가리지 않고 언제 어디서든 낙하산 타기를 즐겼어요. 물론 어머니에게는 비밀이었지요. 몇 년 뒤, 낙하산에 대한 열정은 발렌티나를 새로운 길로 이끌었답니다. 당시 소련 정부가 기획한 우주 탐사 프로그램에 발렌티나가 우주 비행사 훈련생으로 뽑힌 거예요.

별을 향해 쏘아 올린 꿈

소련과 미국은 1950년대 말부터 1960년대까지 불꽃 튀는 우주 개발 경쟁을 벌였어요. 제2차 세계 대전 동안 두 나라는 같은 연합군 소속이었지만, 전쟁 이후 신뢰 관계는 깨져 버렸어요. 전 세계에 막강한 영향력을 가진 소련과 미국의 관계는 곧 '냉전 시대'에 접어들었답니다. 실제로 싸우지 않는 대신에 서로의 과학 기술을 두고 겨루었어요. 특히 우주는 두 나라가 경쟁할 수 있는 새로운 영역이었지요. 소련과 미국은 서로 자기 나라의 기술이 더 뛰어날 뿐 아니라 힘도 세다는 것을 경쟁적으로 증명하려 했어요.

발렌티나 블라디미로브나 테레시코바

"이봐, 하늘! 모자를 벗어! 내가 지금 올라가니까."

1957년 10월, 소련은 세계 최초의 인공위성 스푸트니크호를 우주로 쏘아 올렸어요. 한 달 뒤에는 스푸트니크 2호까지 발사하면서, 최초로 지구의 살아 있는 동물을 인공위성에 태우는 실험을 이어 갔어요. 소련은 실험용 개 '라이카'를 우주로 실어 보내는 데 성공함으로써 제대로 장비를 갖춘 우주여행의 가능성을 증명해 보였지요. 1959년에는 소련의 우주 탐사선 루나 2호가 달에 착륙했고, 1961년에는 최초의 우주 비행사 유리 가가린이 우주여행에 성공했어요. 이처럼 소련은 미국과의 우주 개발 경쟁에서 확실히 앞서 나갔답니다.

소련은 여기서 멈추지 않고 미국보다 먼저 여성 우주인을 선보이기로 계획했어요. 그래서 네 명의 여성이 우주 비행사 훈련을 받게 되었고, 이 가운데 발렌티나 테레시코바가 우주에 갈 주인공으로 뽑혔지요. 1963년 6월 16일, 마침내 발렌티나는 보스토크 6호를 타고 우주로 날아가 사흘 동안 지구 궤도 마흔여덟 바퀴를 돌았어요. 유리 가가린이 고작 한 바퀴, 미국의 우주 비행사들이 총 서른여섯 바퀴를 돌았던 것과 비교하면, 발렌티나의 기록은 대단했지요.

> **"새는 한쪽 날개만으로 날 수 없다. 우주 비행도 여성의 적극적인 참여 없이는 더 발전할 수 없다."**

발렌티나는 하마터면 지구로 돌아오지 못할 위기도 겪었어요. 수십 년 동안 비밀에 부쳐졌다가 최근에야 알려진 사실이에요. 당시 발렌티나는 대기권으로 되돌아오는 비행경로의 계산이 잘못됐다는 것을 알아챘다고 해요. 발렌티나가 직접 올바른 좌표로 바꾸지 않으면, 영원히 지구로 돌아오지 못한 채 우주 공간에 남겨지게 될 상황이었지요. 발렌티나는 침착하게 좌표를 바로잡고 대기권까지 들어온 뒤, 어마어마하게 큰 낙하산을 메고 우주선에서 탈출했어요. 6킬로미터가 넘는 높은 하늘에서 뛰어내렸지만, 발렌티나는 무사히 착륙했답니다.

세상을 움직이다

발렌티나 테레시코바는 '소련의 영웅'이라는 호칭까지 얻었어요. 이후에도 소련은 최초의 3인 우주 비행선을 쏘아 올리고, 우주인이 우주선 밖으로 나와 무중력 상태에서 움직이는 '우주 유영'에도 가장 먼저 성공하면서 미국과의 우주 개발 경쟁에서 계속 선두를 지켰어요. 다만 수많은 경쟁에서도 가장 중요했던 인간의 달 착륙 기회를 미국에게 빼앗기고 말았지요. 그러나 최초의 미국 여성 우주 비행사인 샐리 라이드가 우주에 간 것은 발렌티나의 첫 우주여행 이후 20년이나 지난 뒤의 일이었답니다.

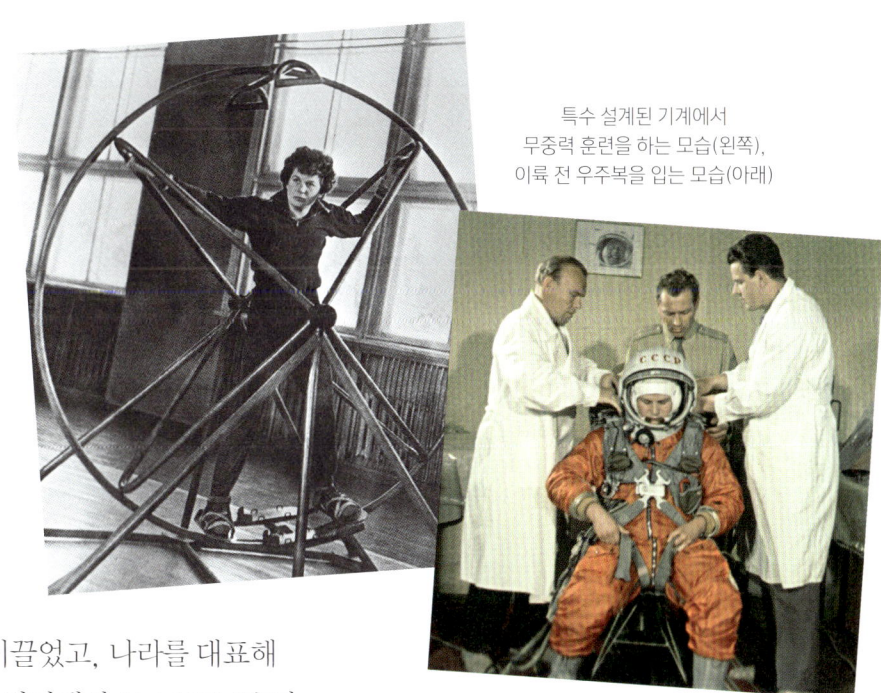

특수 설계된 기계에서 무중력 훈련을 하는 모습(왼쪽), 이륙 전 우주복을 입는 모습(아래)

발렌티나 테레시코바는 소련 여성 위원회를 20년 가까이 이끌었고, 나라를 대표해 국제 무대에 자주 모습을 드러내기도 했어요. 2015년 영국 런던에서 보스토크 6호가 전시되었을 때, 개회 기념행사에 참석한 발렌티나는 자신이 탔던 우주선을 '가장 아름답고 멋진 친구'라고 소개했답니다. 발렌티나와 그의 믿음직한 친구는 별들이 가득한 우주까지 놀라운 여행을 함께한 뒤 안전하게 지구로 돌아왔어요.

> **"우주에서 바라보면 지구가 얼마나 작고 보잘것없는 존재인지 깨닫게 된다."**

말랄라 유사프자이

어린이와 여성의 교육권을 위해 싸운 인권 운동가

모든 어린이에게 교육을

말랄라 유사프자이는 1997년 파키스탄 북부 스와트 지방의 산골 마을에서 태어났어요. 말랄라의 아버지는 여자들의 삶을 존중하는 교육자였어요. 그래서 말랄라가 누군가의 어머니로 살기보다 스스로 목소리를 내는 사람이 되기를 바랐고, 1880년 영국군에 맞서 아프가니스탄군에서 용맹을 떨친 여전사 '마이완드의 말랄라이'에게서 따 온 이름을 지어 주었어요. 그 덕분인지 말랄라는 이름처럼 용감한 삶을 살게 되었답니다.

> "침묵하면 아무것도 변하지 않는다."

말랄라는 파슈툰족 출신이에요. 파슈툰족 사람들은 주로 이슬람교를 믿었고, 코란의 가르침을 따랐어요. 여자들은 관습에 따라 학교에 다니지 못했어요. 배우지 못한 여자들은 직업을 구할 수 없었고 집 안에만 머물렀지요. 말랄라의 아버지는 교사로서 남녀 누구에게나 교육받을 권리가 있다고 생각했고, 쿠샬 학교를 세워 여자아이들도 평등하게 가르쳤지요.

말랄라는 그런 아버지 덕분에 일찍이 배움에 눈을 떴고, 여자아이들도 교육을 통해 미래를 바꿀 수 있다고 믿었어요. 행복한 시절이었지만, 마을에 '탈레반'이 들이닥치면서 말랄라의 삶도 송두리째 뒤바뀌었어요.

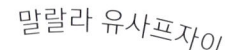

말랄라 유사프자이

탈레반에게 테러를 당하다

말랄라 가족은 아프가니스탄과 국경이 맞닿은 지역에 살았어요. 이 주변에는 무장 정치 세력 탈레반이 자주 나타나 극단적인 행동을 벌이곤 했어요. 탈레반은 이슬람교를 엄격하게 해석했고, 특히 여성과 어린이의 인권을 짓밟았어요. 여자아이는 학교에 다니지 못하게 했고, 여자들은 남편이나 아버지, 오빠와 함께할 때만 집 밖에 나갈 수 있었어요.

부모님과 두 남동생과 함께한 말랄라 유사프자이(맨 오른쪽)

아프가니스탄에 큰 지진이 일어난 뒤, 상황은 훨씬 더 나빠졌어요. 탈레반 지도자는 사람들이 춤추는 것은 물론 게임이나 텔레비전 시청, 심지어 음악을 듣는 일조차도 막았답니다. 급기야 여자아이가 학교에 다니는 것을 완전히 금지했어요. 하지만 말랄라는 교복 대신 평상복을 입고 책을 숨긴 채 몰래 학교에 다녔어요.

> "학생 한 명과 교사 한 명, 책 한 권, 연필 한 자루만 있으면 세상을 바꿀 수 있다."

말랄라의 아버지는 이런 정책에 반대하여 라디오를 통해
탈레반을 비판했어요. 아버지와 뜻을 같이했던 말랄라도
'굴마카이'라는 가명으로 영국 BBC 방송국 블로그에
탈레반이 저지르는 만행을 생생하게 옮겼어요. 특히
여자아이들이 배움에서 멀어지는 현실을 꼬집었지요.
말랄라의 글에 전 세계의 이목이 쏠렸어요. 이후
말랄라의 사연은 다큐멘터리로 만들어졌고, 탈레반의
폭력과 억압에 시달리는 지역 주민의 삶이 세상에
드러났어요. 탈레반은 자신들에게 조금이라도 저항하면
폭력으로 짓눌렀고, 심지어 살인도 서슴지 않았어요. 그러나
말랄라와 가족들은 탈레반 정책에 맞선 투쟁을 멈추지 않았지요.
어머니는 주변의 여자아이들을 모아 글을 가르치기 시작했답니다.

2011년, 14살 말랄라는 제1회 파키스탄 국립 청소년 평화상을 받았고, 국제 어린이 평화상 후보에도 올랐어요. 이에 화가 난
탈레반은 말랄라를 죽이기로 했지요. 2012년 10월 9일, 학교 수업을 마친 뒤 버스를 타고 집에 돌아가던 말랄라 앞에 복면을 쓴
괴한 두 명이 나타났어요. 그들은 다짜고짜 말랄라의 머리에 총을 쏘았답니다. 총알은 말랄라의 목과 어깨를 뚫고 지나갔고,
곁에 있던 친구들까지도 크게 다쳤어요. 말랄라는 간신히 목숨을 건졌지만, 심각한 부상을 치료하기 위해 영국 버밍엄으로
옮겨졌어요. 가족들도 곧 말랄라를 뒤따라 왔지요. 말랄라는 망가진 얼굴 신경과 청력을 되살리기 위해 여러 차례 수술을 받고,
2013년 1월에야 병원을 나설 수 있었답니다.

세상을 움직이다

소녀의 목숨까지 앗아 가려 했던 탈레반의 만행에 전 세계가 분노했어요. 파키스탄
정부를 향해서는 여학생이 남학생과 똑같이 교육받을 수 있는 권리를 법률로 보장해야
한다는 청원이 빗발쳤어요. 말랄라와 가족들은 탈레반의 위협 때문에 고향으로 돌아갈 수
없었어요. 그러자 파키스탄 정부는 말랄라의 아버지를 영국에 있는 파키스탄 대사관의
교육 담당관으로 임명해 가족들이 계속 버밍엄에 머물 수 있게 해 주었어요. 말랄라는 다시
학교에 다녔고, 우수한 성적으로 옥스퍼드 대학에 입학했답니다.

노르웨이 오슬로에서 열린
노벨 평화상 기념행사에 참석한 말랄라

말랄라 유사프자이는 지금도 전 세계 여성, 특히 어린 소녀들의 권리 수호를
위한 캠페인을 이어 가고 있어요. 그 공로로 2014년 노벨 평화상을 비롯한
수많은 상과 훈장을 받았지요. 역사상 가장 어린 노벨상 수상자가 된
말랄라는 파키스탄 소녀들을 위한 학교를 짓는 데 모든 상금을 기부했어요.
말과 글이라는 무기로 용감하게 싸운 말랄라는 어린 소녀가 어떻게 세상을
바꾸는지 보여 주었답니다.

"모두 책과 연필을 챙기세요. 우리가 가진 가장 강력한 무기니까요."

리고베르타 멘추 툼

마야 원주민의 삶에 용기를 불어넣은 인권 운동가

학대와 차별에 시달린 마야 원주민

리고베르타 멘추 툼은 1959년 과테말라의 어느 가난한 마야인 가정에서 태어났어요. 과테말라는 마야 문명의 중심지로 아주 오래전부터 마야인이 자리 잡고 살아왔지만, 16세기부터 약 300년 동안 에스파냐의 식민 지배를 받았어요. 그러면서 에스파냐인과 원주민의 혼혈 '메스티소'들이 점점 늘어 갔고, 이들은 인구의 절반이 넘는 마야인을 차별하며 야만적으로 대했어요.

멕시코 테오티우아칸 유적지에서 리고베르타 멘추 툼

1950년대에 미국은 당시 과테말라 정부가 사회주의 정책을 펼치며 미국계 기업을 내쫓으려 하자, 정부에 반대하는 군사 정권의 쿠데타를 지원했어요. 쫓겨난 사회주의 세력이 무기를 들고 싸우는 게릴라를 조직하면서 과테말라 내전이 시작되었고, 이 전쟁은 1960년부터 1996년까지 자그마치 36년이나 이어졌어요. 이 기간 동안 살해당하거나 실종된 사람들은 20만 명에 이르렀고, 그중 대부분을 마야인이 차지했어요.

리고베르타 멘추 툼

> **"이 세상은 우리가 스스로 바꾸려고 하지 않으면 절대 변하지 않는다."**

한편, 원주민들이 농사를 짓던 땅은 점점 은을 캐는 광산이나 농장으로 바뀌었어요. 열대 우림의 나무가 함부로 베어져 여러 가지 환경 문제도 생겼지요. 오늘날까지도 마야인들은 제대로 건강 보험 혜택을 받지 못하고, 일자리도 구하기 어려워요. 리고베르타가 어릴 때는 상황이 더욱 심각했어요.

10대가 된 리고베르타는 마야인, 특히 여성들의 삶을 바꾸는 데 보탬이 되고 싶었어요. 그즈음 리고베르타의 아버지는 정부군에 체포되어 지독한 고문을 당했어요. 마침내 풀려난 아버지는 마야 원주민의 인권을 위해 싸우기 시작했고, 리고베르타도 아버지를 돕기로 했어요.

심각한 갈등

리고베르타는 막 20대가 되었을 때 너무도 끔찍한 비극을 연달아 겪었어요. 남동생 둘과 어머니는 군인들에게 끌려가 고문을 받다 숨졌고, 아버지는 에스파냐 대사관 점거 시위를 하던 중에 불길에 휩싸여 목숨을 잃었지요. 리고베르타는 크나큰 슬픔에 빠졌지만, 한편으로는 맞서 싸우겠다는 의지가 솟아올랐어요.

리고베르타는 고향을 떠나 수도원에서 잠시 지내며 에스파냐어를 배웠고, 곧 이웃 나라로 망명을 떠났어요. 멕시코에 정착한 리고베르타는 많은 사람들 앞에서 과테말라의 비극적인 상황을 고발하는 연설을 하면서 점점 이름이 알려지기 시작했어요. 원주민의 권리를 위해 활동하는 루이스 가르시아 주교를 만나 도움을 받기도 했지요. 리고베르타는 국제 사회의 지지를 얻기 위해 유럽과 미국 등 여러 나라를 돌아다니며 과테말라 문제를 호소했어요.

그즈음 군대의 힘을 동원해 대통령이 된 리오스 몬트는 공산주의 게릴라를 뿌리 뽑겠다는 명목으로 초토화 작전을 펼쳐, 1000명이 넘는 마야인을 집단 학살했어요. 게릴라가 숨어든 산악 지역에서 어렵사리 밭을 일구며 살아가던 마야인들을 게릴라와 같은 편이라며 함부로 목숨을 빼앗은 거예요. 수많은 사람들이 집과 땅을 빼앗기고 쫓겨났으며, 죽거나 실종된 사람들도 많았어요.

> "우리는 인종에 대한 편협함과 차별의 희생양이 되기보다 인간으로서 존중받기를 원한다."

리고베르타는 멕시코에서 '과테말라 야당 연합 대표단'의 시작을 도우며 마야 원주민들을 위한 투쟁을 계속 이어 갔어요. 한편으로 베네수엘라 출신 인류학자인 엘리자베스 부르고스 드브리의 도움을 받아서 자신과 가족이 겪은 일을 꼼꼼하게 기록했어요. 리고베르타의 자서전 《나, 리고베르타 멘추》는 출간되자마자 전 세계의 뜨거운 관심을 받았고, 비로소 과테말라의 비참한 현실이 세상에 알려졌어요. 리고베르타는 억압받는 마야인의 상징 인물이 되었고, 마야인들은 리고베르타의 활동에 영향을 받아 점점 자신들의 권리를 얻어 내기 위해 힘을 모았지요.

세상을 움직이다

1992년 리고베르타 멘추는 마야 원주민들의 더 나은 삶을 위해 오랜 시간 애쓴 공로를 인정받아 노벨 평화상을 수상했어요. 그 해는 콜럼버스가 아메리카 대륙에 도착한 지 500년이 되는 해였어요. 남아메리카 여러 나라 원주민들은 '아메리카 발견 500주년'을 기념하려는 유럽의 움직임에 반대하며 '저항의 500년'을 기념하자고 뜻을 모았지요. 이 모든 일을 주도한 리고베르타를 다른 원주민들이 노벨상 후보로 올렸던 거예요.

리고베르타는 노벨상 상금으로 재단을 만들어 원주민을 위한 싸움을 계속 이어 갔어요. 특히 마야인 여성과 어린이의 삶을 개선하기 위해 많은 노력을 기울였지요. 마침내 1996년 내전이 끝나자, 리고베르타는 수많은 사람들의 목숨을 빼앗아 간 리오스 몬트를 비롯한 독재자들을 재판정에 세우고 합당한 처벌을 받게 하자고 주장했어요. 또 원주민들의 투표와 정치 활동을 독려해서 자신들의 목소리를 정부 정책에 반영할 수 있도록 애쓴 한편, 스스로 대통령 선거에 출마하기도 했지요. 리고베르타는 여성 노벨 평화상 수상자들의 모임 '노벨 여성 이니셔티브'를 만들고, 원주민이 공정하게 대우받는 세상을 이루기 위해, 더 나아가 전 세계의 평화를 위해 오늘도 애쓰고 있답니다.

> "가장 힘든 상황에서 나는 더 아름다운 미래를 꿈꿀 수 있었다."

아멜리아 에어하트

수많은 기록을 세운 여성 비행사이자 모험가

"모험은 그 자체로 값지다."

어린 시절의 아멜리아 에어하트

비행기와의 첫 만남

1897년에 태어난 아멜리아 메리 에어하트는 가난 속에서 어린 시절을 힘들게 보냈어요. 하지만 어릴 때부터 독립심이 강하고 당찼던 아멜리아는 여느 소녀들과 달리 나무 타기와 야외 활동을 자주 즐겼어요. 아멜리아는 10살 때 아이오와주에서 열린 박람회에 갔다가 태어나서 처음 비행기를 보았어요. 하지만 그때는 비행기가 '녹슨 철사와 널빤지로 대충 만든 것 같아 시시하다'고 생각했대요.

하늘을 날다

어른이 되어 다시 비행기를 보았을 때는 생각이 완전히 달라졌어요. 어느 날 에어쇼에서 자기를 향해 날아오는 빨간색 경비행기와 마주한 순간, 아멜리아는 몹시 흥분하여 마음이 콩닥거렸어요. 마치 비행기가 아멜리아에게 함께 날아오르자고 말하는 것 같았으니까요. 얼마 지나지 않아 아멜리아는 난생처음 비행기를 타게 되었고, 비행기와 사랑에 빠졌답니다.

아멜리아는 제1차 세계 대전 때 부상병들을 간호했고, 이후에는 사회 복지사로 일했어요. 하지만 마음속으로는 비행기를 타고 하늘을 나는 것을 꿈꾸었어요. 아멜리아는 비행 강습을 받기 위해 열심히 돈을 모았지요. 또 남자처럼 머리를 짧게 자르고, 조종사용 가죽점퍼를 입은 채로 잠들었어요. 낡은 점퍼를 입어야 풋내기로 보이지 않을 거라고 생각했거든요. 6개월 뒤, 아멜리아는 노란 경비행기를 장만했고 '카나리아호'라고 이름 붙여 주었어요.

1928년 6월 17일, 아멜리아는 남자들뿐인 조종사 팀에 들어가 북아메리카(캐나다 출발)에서 유럽까지 대서양 횡단에 나섰어요. 아멜리아는 약 21시간의 비행 끝에 무사히 영국 웨일스 지방에 착륙함으로써, 비행기를 타고 대서양을 건넌 최초의 여성이 되었어요. 그 시대에 비행기는 안전을 보장할 수 없는 새로운 발명품이었어요. 지금처럼 빠르지도 않았고, 고장도 잦았지요. 비행기 사고로 목숨을 잃는 일도 많았어요. 이런 상황에서 무사히 비행에 성공한 아멜리아가 위대한 여성 영웅으로 떠오른 것은 당연한 결과였지요.

아멜리아는 비밀 프로젝트를 계획했어요. 홀로 대서양을 건너는 모험에 도전한 거예요. 그때까지 팀을 꾸리지 않고 혼자서 대서양을 건넌 조종사는 찰스 린드버그뿐이었어요. 당시에는 혼자서 하는 비행이 쉽지 않았어요. 비행기에 컴퓨터가 없었기 때문에 조종사 곁에서 항로를 안내해 줄 항법사와 비행 중 기계 고장에 대비할 정비사, 조종사가 쉬는 동안 대신 조종을 맡아 줄 부조종사가 함께 타곤 했지요. 하지만 1932년 5월 20일, 아멜리아는 매서운 바람과 기계 고장 등 온갖 어려움을 이겨내고 마침내 대서양을 홀로 건넌 최초의 여성이 되었답니다.

그 밖에도 수많은 기록을 세운 아멜리아는 '여성 최초의 세계 일주'라는 커다란 도전 앞에 섰어요. 1937년 6월 1일, 아멜리아는 항법사 한 명과 함께 이륙했어요. 약 한 달이 지난 7월 2일, 태평양을 지나던 두 사람은 하와이 근처 하울란드섬에서 잠시 머물렀다 가기로 했어요. 섬까지 거리는 고작 2.5킬로미터였지요. 그런데 다음 순간, 아멜리아의 비행기는 연료가 거의 바닥났다는 무전을 남긴 채 감쪽같이 사라졌어요.

대서양 횡단에 성공한 아멜리아 에어하트

"가장 어려운 일은 해 보겠다는 결심일 뿐, 나머지는 끈기만 있으면 된다. 하겠다고 결심하면 무엇이든 해낼 수 있다."

미국 정부는 대대적으로 수색 작업을 펼쳤지만 끝내 아멜리아의 흔적을 찾을 수 없었어요. 아멜리아와 항법사를 태운 비행기는 말 그대로 연기처럼 사라졌답니다.

세상을 움직이다

아멜리아와 항법사가 또 다른 무인도에 떨어졌을 가능성을 보여 주는 증거가 발견되기도 했지만, 그날 무슨 일이 있었는지는 여진히 베일에 가려 있어요. 아멜리아 에어하트는 세상을 떠났지만, 그가 보여준 강인함과 대범함, 어떤 어려움에도 굽히지 않는 용기는 영원히 우리 마음속에 살아있을 거에요.

"나도 위험하다는 것을 잘 안다. 내가 그 일을 원하는 것은 정말로 하고 싶기 때문이다."

태평양에서 사라진 아멜리아의 소식을 다룬 신문 기사

한나 세네시
제2차 세계 대전의 영웅이자 시인

민족의 땅을 그리는 꿈

한나 세네시는 1921년 헝가리 부다페스트의 유대인 집안에서 태어났어요. 유명 극작가이자 언론인이었던 아버지는 한나가 6살 때 세상을 떠났어요. 어린 시절 한나는 개신교 사립 학교에 다녔어요. 이 학교에서 유대인은 개신교나 가톨릭 신자보다 학비를 세 배나 더 내야 했어요. 학교 성적이 뛰어났던 한나는 학비의 일부를 지원받았지만, 그래도 보통의 학비보다 두 배를 더 내야 했지요. 한나는 어린 나이에도 이러한 상황이 불평등하다는 것을 알았고, 유대인이 겪는 차별을 안타깝게 생각했어요.

유대인은 여호와 신을 믿으며 유대교의 전통과 문화를 지키는 민족이에요. 고대에는 팔레스타인 지방에 살았어요. 하지만 로마 제국에 의해 예루살렘이 파괴되자 세계 각지로 흩어져 살게 되었지요. 유대교의 전통은 기독교 가치관과 맞지 않았고, 유럽인들은 유대인을 못마땅하게 생각했어요. 유대인은 유럽 사회에서 사회적 차별을 당했으며, 1920년대 이후 유대인의 삶은 점점 더 어려워졌어요. 그 무렵 유대 민족주의 운동인 '시오니즘'의 물결이 일면서 유대인은 자유롭고 행복하게 살 수 있는 그들만의 국가를 꿈꾸었어요.

> **"우리는 이 세상의 단 한 곳에서만큼은 피난민이나 이민자가 아닌 주인이어야 한다. 그곳이 바로 이스라엘의 땅이다."**

한나는 더 정의로운 세상을 꿈꾸며 학생들로 꾸려진 시오니즘 단체 '마카베아'에서 활동하기도 했어요. 졸업한 뒤에는 가족의 곁을 떠나 팔레스타인에 가기로 마음먹었지요. 당시 팔레스타인에는 이미 다양한 계층의 유대인 무리가 모여 국가를 만들 기반을 닦고 있었어요. 거기서 한나는 유대인이 함께 생활하는 협동조합 '키부츠'에 들어갔어요. 농업 학교를 다녔던 한나는 키부츠에서 농사일을 맡았고, 틈틈이 시와 희곡, 노랫말을 썼어요.

> **"나는 게임에서 한 숫자를 맡았다. 주사위는 던져졌고, 나는 졌다."**

젊은 시절의 한나 세네시

위험한 임무

키부츠에서 여자들은 날마다 빨래나 청소 같은 허드렛일을 해야 했어요. 한나는 그런 생활에 곧 싫증을 느꼈어요. 더 중요한 일을 해내고 싶었던 거예요. 그래서 한나는 유대인 국가를 만드는 목적으로 모인 군사 조직 '하가나'에 지원했어요. 그 무렵 유럽에서는 제2차 세계 대전이 벌어지고 있었지요. 아돌프 히틀러가 이끄는 나치 독일은 유대인 말살 정책을 펼치며 수많은 유대인의 목숨을 앗아갔지요. 한나는 나치에 맞선 투쟁에 힘을 보태고 싶었고, 1943년 영국군에 입대해 여성 공군이 되었어요. 그리고 '특수 작전 집행관' 훈련을 거쳐 비밀 요원의 임무를 맡았답니다.

이집트에서 훈련을 마친 한나는 유럽의 헝가리 국경 지대로 숨어들었어요. 그리고 3개월 동안 나치 독일에 대항하는 게릴라 부대와 함께 일했어요. 그러던 중 헝가리에서 위험에 빠진 유대인을 구하기 위해 국경을 넘다가 그만 정체가 발각되고 말았어요. 그렇게 나치 경찰에 붙잡힌 한나는 몇 달 동안이나 끔찍한 고문과 매질을 견뎌야 했어요. 고통스러운 시간이었지만 한나는 끝내 자신의 정체와 맡은 임무를 밝히지 않았어요. 급기야 경찰은 한나의 어머니까지 죽이겠다고 협박했지만, 한나의 입을 열 수는 없었답니다.

혹독한 고문을 당하는 동안 한나는 어마어마한 고통에 시달렸어요. 하지만 그런 순간에도 동지들의 마음을 위로하려 했지요. 한나는 함께 갇힌 동지들과 거울을 이용해 신호를 주고받았고, 종잇조각에 짤막한 메시지를 담아 전했어요. 슬픔과 두려움에 굴복하지 않도록 노래를 부르기도 했고요. 얼마 뒤 나치는 한나를 재판정에 세웠어요. 한나는 전쟁의 끝이 머지않았으며, 나치는 심판받게 될 거라고 용감하게 말했어요. 끝내 한나에게 사형 선고가 내려졌지요. 사형이 집행되던 날, 한나는 눈가리개를 거부하고 자신을 향해 총을 겨누는 사람들의 눈을 똑바로 바라보며 죽음을 맞았어요. 그때 한나의 나이는 고작 23살이었답니다.

제2차 세계 대전 당시 영국, 여성들이 공군 훈련을 받고 있다.

세상을 움직이다

한나 세네시는 유대인의 국가를 세우겠다는 꿈을 이루기 위해 평생을 바쳤어요. 그리고 유대인 편에 서서 용감하게 나치에 맞섰지요. 한나는 죽음 앞에서도 결코 희망을 잃지 않았어요. 대신 날마다 일기를 쓰며 굳은 의지를 다지기 위해 노래하고 기도했어요. 그녀의 희망과 믿음은 꺼지지 않는 불꽃처럼 타올랐답니다. 한나가 세상을 떠난 이듬해, 제2차 세계 대전은 끝이 났어요. 나치 정권 역시 패전과 함께 몰락했지요. 그리고 1948년, 팔레스타인 지역에는 유대인의 국가 '이스라엘'이 세워졌답니다.

" 누군가가 부르는 소리에 나는 갔네. 부르는 소리가 있었기에 나는 갔네. "

로자 파크스

'분리 정책'에 맞서 평등을 외친 시민권 운동가

평등을 꿈꾸다

로자 파크스는 1913년 미국 앨라배마주 터스키기에서 태어났어요. 어린 시절 로자는 부모님의 이혼으로 어머니와 남동생과 함께 시골 외가에서 살았어요. 농사를 지었던 로자의 외조부모님은 노예 출신이었지만, 어린 로자에게 모든 사람은 평등하며 피부색은 중요하지 않다고 가르쳤어요.

백인 아이들이 버스를 타고 새로 지은 학교에 다닐 때, 로자와 친구들은 학교까지 한참을 걸어갔어요. 또 하나뿐인 교실에서 의자도 없이 맨바닥에 앉아 수업을 들어야 했지요. 로자의 어머니는 무엇보다 교육이 가장 중요하다고 믿었고, 어려운 형편에도 로자를 사립 중등학교에 보냈어요. 로자는 교사가 되기 위해 열심히 공부했어요. 하지만 외할머니와 어머니가 차례로 병석에 눕는 바람에 어쩔 수 없이 학교를 그만두어야 했답니다.

"무엇을 해야 하는지 알면 두려움이 사라진다."

옳고 그름을 말하다

로자가 태어나기 약 50년 전에 이미 미국 남북 전쟁이 끝나면서 노예 제도가 폐지되었지만, 로자가 자라는 동안에도 흑인을 향한 차별은 여전히 존재했어요. 특히 미국 남부 지역에서 일부 백인들은 흑인을 때리거나 죽이는 일까지도 서슴지 않았어요.

'미국 흑인 시민권 운동의 어머니' 로자 파크스

그때까지도 남부 지역에는 이른바 '분리 정책'이라는 이름으로 흑인이 백인과 섞이지 않도록 하는 법이 엄격했어요. 물을 마실 때도 흑인은 백인과 같은 음수대를 이용할 수 없었어요. 화장실이나 학교를 완전히 나누는 것은 물론, 버스에서도 흑인은 뒤쪽 좌석에만 앉을 수 있었어요.

워싱턴 D.C에서 평등권 보장을 위한 시위를 벌이는 미국 흑인들

로자는 19살에 레이먼드 파크스와 결혼했어요. 그리고 앨라배마주의 도시 몽고메리에서 레이먼드는 이발사로, 로자는 백화점 재봉사로 일하며 지냈어요. 그 무렵 미국 남부에서는 몇몇 사람들이 모여 흑인을 향한 사회적 차별과 불평등의 뿌리를 뽑기 위해 평화 투쟁을 벌이기 시작했어요. 로자도 남편의 권유로 흑인 인권 운동에 조금씩 관심을 두게 되었답니다.

> "인종 차별은 여전히 존재한다. 우리 아이들이 맞이할 세상은 우리가 만들어야 한다. 바라건대, 우리는 이겨낼 것이다."

1955년 12월 1일, 로자는 일과를 마치고 집으로 돌아가는 버스에 올랐어요. 그리고 평소처럼 뒤쪽 좌석에 앉았지요. 얼마 지나지 않아 백인 승객들이 우르르 버스에 탔고, 몇몇 승객은 앉을 자리가 없어 통로에 서 있었어요. 버스 기사는 뒷자리에 앉은 흑인 승객들을 향해 백인 승객에게 자리를 내주고 더 뒤로 가서 서 있으라고 요구했어요. 나머지 승객들은 순순히 기사의 말에 따랐지만, 로자는 잠자코 자리를 지켰어요. "어서 일어나라니까!" 기사의 재촉에 로자는 당당하게 맞섰어요. "내가 왜 일어나야 합니까?" 기사는 곧장 경찰에 신고했고, 로자는 그 자리에서 체포되었어요.

로자는 번번이 차별을 받아들여야 하는 현실에 싫증이 났다고 말했어요. 로자의 용감한 행동은 수천 명 흑인 사회에 울림을 주었고, 부당한 분리 정책을 반대하는 평화 시위의 시작점이 되었답니다. 시위에 참여하는 사람들은 당분간 버스를 이용하지 않기로 했어요. 1955년 12월 5일, 이른바 '몽고메리 버스 보이콧' 운동이 시작된 거예요. 운동을 이끈 건 마틴 루터 킹이라는 젊은 목사였어요. 온종일 버스 좌석이 텅텅 비었고, 도시는 버스 운영에서 손해를 보기 시작했어요. 분노한 일부 백인들은 킹 목사와 흑인 지도자들의 집을 폭파하고, 흑인 교회에 불을 질렀으며, 도시 곳곳에서 폭력 행위를 저지르기도 했어요. 이렇게 몽고메리 버스 보이콧은 381일 동안이나 이어졌답니다.

> "나는 그저 자유롭게 살기를 원했던 사람으로 기억되고 싶다. 그래서 다른 사람들도 자유로워지기를."

몽고메리에서 분리 정책이 사라진 날, 버스에 탄 로자 파크스

세상을 움직이다

로자 파크스의 용기 있는 목소리는 미국 남부 지역 전체에 엄청난 변화를 불러온 시발점이 되었어요. 특히 로자의 행동에 자극을 받은 변호사 프레드 그레이는 대중교통에서 백인과 흑인을 분리하는 것은 불법이라는 법원 판결을 얻어 냈답니다.

'미국 흑인 시민권 운동의 어머니'로 알려진 로자 파크스는 젊은이들에게 인권의 중요성을 가르치는 협회를 세웠고, 두 권의 책을 썼으며, 필라델피아 자유 메달과 연방 의회 황금 메달을 비롯한 수많은 상을 받았어요. 그러나 로자 파크스는 늘 겸손하게 말했답니다. "제가 한 일은 그저 퇴근 후 빨리 집에 가려고 했던 것뿐이에요."

누어 이나야트 칸

제2차 세계 대전의 영웅이 된 비밀 요원

평화를 위하여

누어 이나야트 칸은 1914년 러시아 모스크바에서 태어났어요. 인도 출신 아버지 하즈라트 이나야트 칸은 인도 고전 음악의 대가이자 종교 지도자로, 검소한 생활과 명상을 강조하는 '수피즘'이라는 이슬람 신비주의 사상을 서양에 소개하는 데 중심 역할을 한 사람이에요. 미국인이었던 어머니 오라 레이 베이커는 누어의 아버지가 미국에 강연을 왔을 때 처음 만나 사랑에 빠진 뒤로, 일생 동안 아버지와 함께 수피즘을 서구 세계에 알리고 다녔지요. 누어는 부모님을 따라 여러 나라를 돌아다니며 자랐어요.

군복 차림의 누어 이나야트 칸

누어는 꿈 많고 감성이 풍부한 아이로 특히 주변 사람들에게 친절하고 베풀기를 좋아했어요. 영국 런던에 살던 4살 때는 굶주림에 시달리는 러시아 어린이들의 소식을 듣고 초콜릿을 모아 보내기도 했답니다. 얼마 뒤 누어의 가족은 프랑스 파리로 이사하였고, 누어는 그곳에서 프랑스어를 완벽하게 익혔어요. 또한 아버지의 나라 언어인 힌디어와 우르두어 공부도 게을리하지 않았어요.

어른이 된 누어는 대학에서 아동 심리학을 공부하고 파리 음악원에서 작곡을 공부하기도 했어요. 곧 시와 동화를 쓰기 시작했고, 부처의 전생 이야기를 담은 책 《열두 가지 자타카 설화》라는 책을 펴내기도 했지요. 그러던 중 1939년에 제2차 세계 대전이 터졌어요. 아돌프 히틀러가 이끄는 나치 독일은 유대인을 끔찍하게 탄압했고, 유럽 전체를 집어삼키려 전쟁을 일으켰지요. 누어와 동생들은 평화와 비폭력을 강조하는 수피즘 신앙을 진지하게 믿었지만, 한편으로 폭력적인 나치에 맞서지 않은 채 조용히 지켜보는 것은 비겁한 일이라는 생각이 들었어요. 또 식민지 인도 출신인 자신들이 전쟁에 참가해서 연합군을 돕는다면, 인도가 영국 등 유럽 나라들과 어깨를 나란히 하며 독립을 이루는 데 기여할 수 있다고 믿었지요. 먼저 남동생 한 명이 프랑스에서 활동하는 비밀 저항 조직인 '레지스탕스'에 들어갔고, 또 다른 남동생도 영국군에 입대했어요. 누어도 곧 영국으로 건너가 영국 여성 공군에 입대했어요.

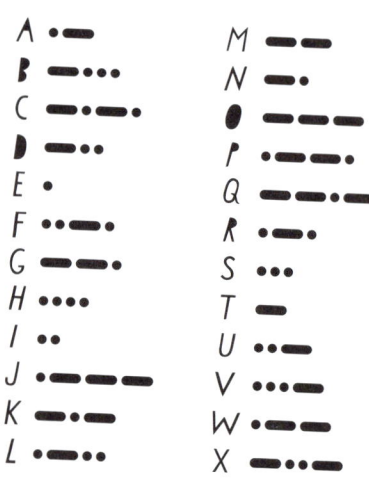

모스 부호 표와 전신기

> **"나는 이 전쟁에서 인도인의 힘이 더해지기를 바란다. 그러면 영국과 인도의 관계가 회복되는 데 분명 도움이 될 것이다."**

비밀 요원

누어는 군대에서 모스 부호를 배우기 시작했어요. 군 정보국에서는 학습 능력이 뛰어난 누어를 눈여겨보았는데, 특히 영어와 프랑스어를 완벽하게 구사한다는 사실에 놀랐어요. 얼마 뒤 누어는 영국 윈스턴 처칠 정부에 소속된 비밀 요원이 되었어요. 그러나 아버지의 나라인 인도가 영국의 식민 지배에서 벗어나야 한다는 믿음은 여전히 굳건했답니다. 누어는 특수 작전 집행관 훈련을 받으며 총 쏘기, 수류탄 던지기, 폭발물 다루기 등을 중점적으로 배웠어요. 그리고 마침내 1943년 6월에 연합군 소속 최초의 여성 무전 통신병이 되어 전쟁이 한창인 프랑스로 떠나게 되었지요.

파리에서 누어는 '마들렌'이라는 암호명으로 무전 팀과 함께 일했어요. 나치 세력의 움직임을 감시하고 그렇게 얻은 정보를 영국 정부에 무전으로 보내는 것이 누어가 맡은 임무였지요. 같은 팀 요원들은 대부분 얼마 못 가 독일군에게 체포당했어요. 하지만 누어는 프랑스 곳곳에서 숨어 지내며 중요한 군사 정보를 모아 런던으로 보냈어요. 그러다가 1943년 10월에 한 프랑스 여성의 배신으로 끝내 나치의 비밀경찰인 '게슈타포'에 붙잡히고 말았지요.

그렇게 누어는 독일로 보내졌고, 포로수용소 독방에 갇힌 신세가 되었지요. 나치스는 누어를 지독하게 고문하고 협박했지만, 결국 누어의 입을 열지는 못했답니다. 누어는 1년 가까이 감옥에 갇혀 지내면서도 끝까지 침묵을 지켰어요. 1944년 9월, 누어는 다하우 강제 수용소로 옮겨져 다른 여성 스파이 세 명과 함께 총살당했어요. 누어가 숨을 거둔 이듬해 제2차 세계 대전도 끝이 났답니다.

'박애주의'를 실천한 누어 이나야트 칸

"자유" - 누어가 사형당하기 전 마지막으로 남긴 말

영국 런던 고든스퀘어 가든에 있는 누어의 흉상

NOOR
INAYAT KHAN
1914-1944
G.C. M.B.E.

세상을 움직이다

누어 이나야트 칸이 세상을 떠나고 5년이 지난 1949년, 영국과 프랑스 정부는 누어의 용기와 희생정신을 기려 훈장을 내렸어요. 사실 제2차 세계 대전에서 조국을 위해 나치 정권에 대항한 투사는 많았어요. 하지만 자신의 조국이 아닌 여러 나라를 위해 싸웠다는 점에서 누어의 용기는 더욱 높이 평가돼요. 심지어 누어에게 영국은 자신의 조상들이 독립을 위해 맞서 싸웠던 나라였으니까요. 인도, 미국, 영국, 프랑스를 모두 사랑했던 누어 이나야트 칸은 한 나라가 아닌 전 세계의 평화와 자유라는 큰 뜻을 위해 싸운 진정한 박애주의자였지요.

에멀린 팽크허스트

여성 참정권을 위해 싸운 '서프러제트'

평등한 교육의 필요성

에멀린 팽크허스트는 1858년 영국 맨체스터에서 십 남매의 맏이로 태어났어요. 에멀린의 집안은 대대로 정치에 몸담아 세상을 바꾸려고 노력해 왔어요. 에멀린의 부모님은 노예 제도의 폐지를 위해 힘썼고, 그 무렵 일어난 새로운 인권 운동인 여성 참정권 운동에도 찬성했어요. 이 운동의 목표는 여성을 포함한 모두가 투표권을 갖게 하는 것이었어요.

에멀린은 14살 때 처음 어머니를 따라 여성 참정권 운동 집회에 나갔어요. 하지만 때때로 에멀린은 인권 운동에 힘쓰는 부모님조차도 자신보다 남동생들의 교육에 더 신경 쓴다고 느꼈지요. 다행히 에멀린이 다녔던 프랑스 파리의 사립 여학교는 여자도 자수 대신 화학과 회계학을 배워야 한다는 교육 철학이 있었어요. 덕분에 에멀린은 풍부한 교양과 지식을 갖출 수 있었어요.

에멀린 팽크허스트의 사진

험난했던 여성 참정권 획득 과정

어른이 된 에멀린은 리처드 팽크허스트라는 변호사를 만났어요. 리처드는 여자도 남자와 동등한 대우를 받아야 한다는 에멀린의 믿음을 지지했어요. 리처드는 1882년 영국 의회에서 통과된 '기혼 여성 재산법'의 기본 내용을 작성한 장본인이었답니다. 이 법의 취지는 여성이 결혼하면 남편에게 자신의 재산을 모두 내주는 관례를 없애고, 결혼 후에도 자기 재산을 지킬 수 있게 하자는 것이었어요.

생각과 신념이 같았던 두 사람은 25살의 나이 차에도 사랑에 빠져 결혼했어요. 에멀린은 한 남자의 아내이자 다섯 아이의 어머니가 되었지만, 그 시대의 보통 여자들처럼 집 안에만 머무르지는 않았답니다. 1889년 에멀린은 '여성 선거권 연맹'이라는 단체를 만들어서 지방 선거에서 여성들이 투표권을 가질 수 있도록 싸웠어요.

영국 런던에서 플래카드를 들고 시위를 벌이는 '서프러제트'

몇 년 뒤, 남편 리처드가 갑작스레 세상을 떠나면서 에멀린은 슬픔에 빠졌어요. 하지만 여성 참정권 운동을 멈추지는 않았지요. 1903년 에멀린은 '여성 사회 정치 동맹'을 만들고, 전국을 돌아다니며 여성의 참정권을 위한 강연을 펼쳤어요. 런던 하이드파크에서 연설할 때는 50만 명에 이르는 청중이 모일 정도였답니다.

> "우리는 법을 파괴하려고 이곳에 모인 것이 아닙니다. 우리는 법을 만들고자 노력하기 위해 이곳에 모였습니다."

그러나 말로만 해서는 아무것도 달라지지 않는다는 것을 깨달은 에멀린은 곧 자신의 두 딸과 여성 참정권 운동가 '서프러제트'들을 모아 승리를 위한 진짜 전쟁에 나섰어요. '말보다 행동'이라는 표어를 내건 이들은 여성 참정권을 위한 싸움을 시작했어요. 창문을 부수고, 불을 지르고, 단식 투쟁을 벌이는 등 어떤 일이든 서슴지 않았답니다. 여성 사회 정치 동맹에서 활동하던 여성 운동가 에밀리 데이비슨은 바뀌지 않는 사회 분위기에 저항하기 위해 목숨을 건 행동을 하기도 했어요. 수많은 관중이 모인 경마장에서 질주하는 경주마를 가로막고 뛰어든 거예요. 그렇게 목숨을 잃었고, 그녀의 장례식장은 여성 운동의 시위 행렬로 들끓었지요.

영국 런던 버킹엄 궁전 앞에서 경찰에게 체포되는 에멀린

1913년 전국에서 여성들의 단식 투쟁이 벌어지자, 영국 정부는 이른바 '고양이와 생쥐 법'을 만들었어요. 이는 감옥에서 단식 투쟁을 벌여 쇠약해진 여성들은 일단 풀어 주었다가 건강을 회복하면 다시 체포한다는 내용이에요. 에멀린도 수차례 감옥에서 단식 투쟁을 벌였는데, 그때마다 교도관들은 에멀린의 입에 강제로 음식을 밀어 넣었어요. 끔찍한 폭력이었어요. 고양이와 생쥐 법이 통과된 뒤에는 비로소 합법적으로 단식 투쟁을 벌일 수 있었지요.

에멀린 팽크허스트

> "우리를 포기하게 할 수 있는 것은 이 땅에도, 하늘에도 없다. 그것은 불가능한 일이다."

세상을 움직이다

1914년 제1차 세계 대전이 일어나자, 에멀린 팽크허스트를 비롯한 여성 사회 정치 동맹은 온 힘을 다해 나라에 힘을 보탰어요. 가정에서는 군에 입대한 남자들을 대신해 돈을 벌었고, 전쟁터에서는 부상병들을 간호했지요. 그 뒤로 1918년에서야 '국민 대표 법'이 발표되었고, 이로써 30살이 넘는 여성이 투표권을 가지게 되었어요. 그동안 에멀린이 흘렸던 피와 땀이 드디어 결실을 본 거예요.

1928년 3월에는 마침내 모든 여성이 남성과 똑같이 참정권을 얻었어요. 남자와 마찬가지로 21살이 넘는 여자라면 누구나 투표권을 가지게 된 거예요. 안타깝게도 에멀린은 법안이 통과되기 불과 몇 주 전, 세상을 떠나고 말았어요. 하지만 자신이 그토록 이루고 싶었던 꿈이 언젠가는 실현되리라는 것을 알았을 거예요. 에멀린 팽크허스트는 여성 참정권 운동에 앞장선 용감한 지도자로서 여성이 남성과 동등한 권리를 누릴 수 있게 하는 데 평생을 바쳤고, 결국 꿈을 이루었답니다.

캐시 프리먼

오스트레일리아 원주민 출신 올림픽 육상 챔피언

수많은 장애물을 뛰어넘다

캐시 프리먼은 오스트레일리아 원주민 '애버리지니' 출신으로 1973년 퀸즐랜드에서 태어났어요. 영국인이 처음 오스트레일리아 땅에 발을 내디딘 18세기 말 이전에도 이 땅에는 원주민이 살고 있었어요. 애버리지니는 이제껏 살아온 터전을 빼앗긴 것도 모자라 온갖 학대와 차별에 시달려야 했어요. 유럽에서 건너온 각종 전염병으로 목숨을 잃고, 식민 지배자들의 손에 억울한 죽음을 당하는 일도 많았지요.

차별은 최근까지도 이어졌어요. 20세기 초부터 70여 년 동안 오스트레일리아 정부는 모든 애버리지니 아이들을 부조건 공공시설에서 자라게 했어요. 아이들을 원주민 문화에서 떼어 놓겠다는 명목이었지요. 그렇게 가족들과 생이별한 아이들은 고아가 되어 자신이 누구인지도 모른 채 살아야 했답니다. 10만 명이 넘는 아이들이 아픔을 겪었어요. 이들을 일컬어 '도둑맞은 세대'라고 해요. 강제로 이루어진 격리 정책은 캐시가 태어나기 직전에 폐지되었고, 캐시는 가족의 품에서 자랄 수 있었어요. 하지만 애버리지니를 향한 사회적 차별이 모두 사라진 건 아니었답니다.

8살에 참가한 달리기 대회에서 일등을 한 뒤로 캐시는 달리기의 매력에 푹 빠졌어요. 새아버지는 캐시에게 특별한 재능이 있다는 것을 가장 먼저 알아차렸고, 딸의 코치가 되기로 했지요. 그때부터 캐시는 국가대표 육상 선수가 되어 올림픽에 출전하는 것을 꿈꾸며 열심히 훈련에 매달렸어요.

승리와 자부심

캐시는 육상 대회에 나갈 때마다 우승을 차지했어요. 그만큼 열심히 노력한 결과였지요. 달리기 자체를 좋아했기 때문에 딱히 힘들다는 생각은 들지 않았답니다. 17살이 되던 해 캐시는 '올해의 젊은 오스트레일리아인'으로 뽑혔고, 이듬해에는 올해의 애버리지니 육상 선수가 되었어요. 얼마 뒤 1994년에는 마침내 영연방 대회에서 첫 금메달까지 목에 걸었어요.

젊은 시절의 캐시 프리먼

> "나는 어떤 경우에도 내 판단에 따라 행동한다."

애버리지니의 영웅이 된 캐시 프리먼

금메달을 딴 캐시는 오스트레일리아 국기 대신 애버리지니의 상징 깃발을 두르고 행진했어요. 빨간색은 대지, 노란색은 태양, 검은색은 피부를 상징하는 애버리지니 깃발을 자랑스럽게 여겼기 때문이에요.

언론은 캐시 프리먼의 행동을 비난했고, 캐시에게 다시는 그러지 말라는 협박성 경고까지 보냈지요. 하지만 다음 대회에서 우승하자, 또다시 애버리지니 깃발을 흔들며 제 뜻을 굽히지 않았어요. 자신의 뿌리를 자랑스럽게 여긴 캐시는 전 세계에 애버리지니의 존재를 알리고 싶었던 거예요.

❝ 차별받는 애버리지니의 고통은 엄청나다. 전 세대가 고통을 느껴 왔다. ❞

1996년, 올림픽 출전이라는 캐시 프리먼의 꿈이 드디어 이루어졌어요. 애틀랜타 올림픽에서 캐시는 네 번이나 호주 신기록을 세우고 은메달 하나를 거머쥐는 대단한 성과를 일구어 냈답니다. 이후로도 세계 육상 선수권 대회를 비롯한 스물두 경기에서 연이어 결승 진출까지 성공하며 놀라운 능력을 보였지요. 전 국민의 영웅으로 떠오른 캐시 프리먼은 1998년 올해의 오스트레일리아인으로 선정되기도 했어요.

2000년 시드니 올림픽에서 성화 점화자로 나선 캐시 프리먼은 수많은 관중의 열렬한 응원에 힘입어 400미터 경주에서 당당히 금메달을 땄어요. 이번에는 애버리지니 깃발의 상징색인 빨강, 노랑, 검정이 들어간 운동화를 신고 달렸어요. 일등으로 결승선을 통과한 뒤, 캐시는 애버리지니 전통에 따라 맨발로 트랙을 돌며 승리를 축하했어요. 그리고 오스트레일리아 국기와 함께 애버리지니 깃발까지 모두 흔들었어요. 언론에서는 처음으로 캐시의 선택에 찬사를 보냈고, 오스트레일리아 정부도 원주민의 자부심을 다른 시각으로 보기 시작했어요. 이러한 변화를 이끈 주인공이 바로 캐시 프리먼이었답니다.

❝ 교육은 긍정적인 삶의 길을 열어 주는 열쇠다. ❞

2000년 시드니 올림픽 여자 400미터 경주에서 금메달을 딴 캐시 프리먼

세상을 움직이다

캐시 프리먼은 30살에 육상 선수로서 은퇴를 선언했어요. 2007년에는 애버리지니 청소년의 교육을 지원하는 '캐시 프리먼 재단'을 만들었어요. 애버리지니가 겪은 사회적 차별과 편견을 기억하는 캐시는 지금까지도 애버리지니 젊은이들의 더 나은 삶을 위해 헌신하고 있어요.

육상 선수가 되기 전까지 캐시는 자신을 긍정적으로 평가하지 못했지만, 달리기를 통해 비로소 자유와 자신감을 얻었지요. 캐시는 타고난 재능에 노력을 더했고, 그 노력을 바탕으로 자신감을 얻었어요. 그리고 이제 그 경험을 젊은 세대와 나누고 있어요. 캐시 프리먼은 애버리지니 어린이와 청소년이 자신을 긍정적으로 생각하고, 애버리지니의 유산에 자부심을 느끼며 행복하게 살기를 진심으로 바란답니다.

조피 숄
부당한 세상에 맞선 평화주의자

어린 시절의 조피 숄

가족, 정의, 자유

조피 마그달레나 숄은 1921년 독일 남서부의 작은 도시 포르히텐베르크에서 여섯 남매의 넷째로 태어났어요. 아버지는 조피가 살던 도시의 시장이었고, 자유를 사랑하는 정치인이었어요. 어머니는 여섯 아이들을 양심 있는 사람으로 키우려 애썼어요. 조피는 어릴 때부터 책 읽기를 좋아했고, 성적도 매우 뛰어났답니다.

그즈음 나치 정권의 우두머리 히틀러가 점점 세력을 키우면서 독일 전체가 흔들리기 시작했어요. 아버지는 나치의 정책에 비판적인 목소리를 냈어요. 하지만 조피를 비롯한 아이들은 나치에서 만든 청소년 조직 '히틀러 유겐트'가 인기를 끌자 호기심을 느끼기도 했지요. 그러면서도 조피는 유대인 친구들과 어울리지 말라는 이야기에 의문을 품었어요. 또 나치가 평소 좋아하던 유대인 작가의 책을 금서로 정했을 때는 일부러 더 큰 소리로 읽기도 했어요.

1935년부터 '뉘른베르크 법'이 시행되면서 유대인은 독일 시민권까지 빼앗겼고 상황은 더욱 나빠졌어요. 유대인 친구들은 일상생활이 제한되었고 학교도 다닐 수 없게 되었지요. 조피는 그런 상황을 그저 지켜볼 수밖에 없었어요. 나치의 억압적인 정책은 독일인에게도 예외는 아니었어요. 나치의 뜻에 반대하면 무조건 반역죄를 물었지요. 조피의 오빠 한스는 히틀러 유겐트가 아닌 모임에 가입했다는 이유로 나치에 체포되기까지 했어요. 조피는 자유가 억압당하는 현실에 충격을 받았답니다. 아버지 역시 나치의 잘못된 정책에 저항해야 한다고 아이들을 가르쳤어요.

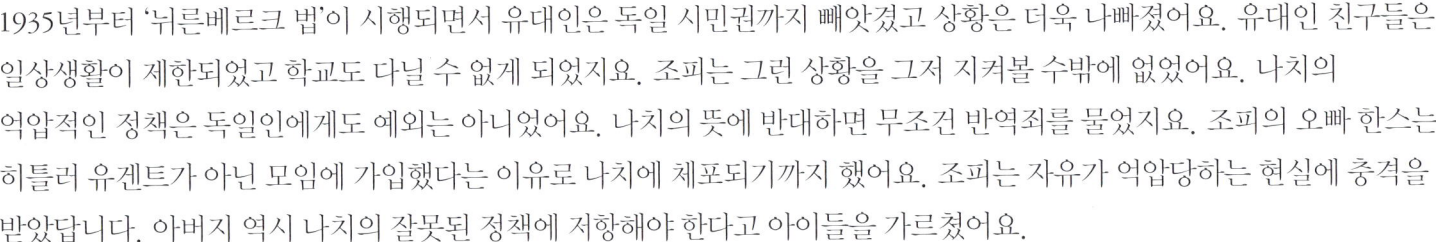

저항의 흰 장미

조피는 마음속에 나치를 향한 분노를 품은 채 뮌헨 대학에 입학했고, 생물학과 철학을 공부했어요. 그즈음 조피는 유대인 강제 수용소의 끔찍한 현실을 전해 들었어요. 더욱이 아버지가 히틀러를 비판한 죄로 나치에 붙잡혀 가자 조피의 분노는 폭발했어요. 오빠 한스가 세 친구와 함께 '백장미단'이라는 나치 저항 모임을 만들자, 조피는 곧장 백장미단에 들어갔어요. 백장미단의 목표는 다른 학생들에게 나치의 추악한 범죄 행위를 알리는 것이었어요.

> "결국, 누군가는 시작해야만 한다."

1942년, 뮌헨 대학 곳곳에서 〈백장미〉라는 제목이 붙은 소식지가 발견되었어요. 여기에는 독일을 망가뜨리는 나치 체제에 대한 고발과 함께 더 이상 참지 말고 다 함께 맞서 싸우자는 호소가 담겨 있었어요. 충격적이고 과격한 시도였지요. 이제껏 독일에서 공공연하게 나치를 비판한 사람은 아무도 없었거든요. 나치는 백장미단의 정체를 밝히기 위해 애썼지만 잡지 못했어요. 조피와 한스, 한스의 친구들은 곧 두 번째 소식지도 만들어 뿌렸어요. 이어 세 번째, 네 번째, 다섯 번째 소식지까지 전해졌지요. 급기야 뮌헨 곳곳에서 '히틀러는 물러가라!', '대량 학살자 히틀러!', '자유!'라고 쓴 벽화들이 발견되기 시작했어요.

1943년 2월 18일, 새로 만든 소식지를 나누어 주던 조피와 한스가 나치 지지자에게 발각되었어요. 곧 독일 비밀경찰이 들이닥쳤고, 조피와 한스, 그리고 크리스토프라는 친구가 나치에 대한 반역죄로 법정에 서게 되었답니다.

독일 뮌헨 대학가에는 백장미단을 뜻을 기리기 위해 청동으로 만든 소식지가 흩뿌려져 박혀 있다.

당시 독일에서 재판은 그저 처벌을 위한 형식일 뿐이었어요. 판사가 큰 소리로 죄를 물었고, 조피는 차분한 목소리로 말했어요. "우리가 쓰고 말한 것은 다른 많은 사람의 생각이기도 합니다. 단지 그들은 우리처럼 자신의 생각을 감히 표현할 엄두를 내지 못할 뿐이지요." 하지만 판사는 조피의 말에 전혀 귀 기울이지 않았고, 백장미단의 세 젊은이는 그 자리에서 사형을 선고받았어요. 마지막으로 부모님과 만난 자리에서 조피는 여전히 침착하고 미소 띤 얼굴을 보였어요. 재판이 끝난 뒤 단 몇 시간 만에 조피와 한스, 크리스토프는 차례로 단두대에서 죽음을 맞았어요. 용감한 세 젊은이의 위대한 저항은 그렇게 끝났답니다.

세상을 움직이다

18세기 영국의 정치인 에드먼드 버크는 말했어요. "악이 승리하는 데 필요한 것은 단 하나, 아무것도 하지 않는 선한 사람들이다." 조피 숄은 어마어마한 악에 맞서 적극적으로 행동했어요. 모든 인간에게는 존중받을 자격이 있다고 믿었던 조피는 온갖 악행을 서슴지 않았던 나치를 두고 볼 수 없었던 거예요.

겁에 질려 자신의 안전만 챙기려 했던 사람들도 어쩌면 나치의 행동이 옳지 않다는 것을 알고 있을 거예요. 하지만 조피와 한스, 백장미단 단원들은 결코 침묵하지 않았어요.

조피 마그달레나 숄

" 자신이 옳다고 믿는 편에 서라. 비록 그 자리에 선 사람이 혼자일지라도. "

" 태양은 여전히 빛난다. "

조피는 나치 정권 앞에서 당당히 제 뜻을 밝히고 목숨을 잃었지만, 나치는 그런 조피의 정신까지 무너뜨리지는 못했어요. 조피 숄의 삶과 죽음은 옳은 일을 선택했던 한 사람이 놀라운 변화를 이끄는 기적을 보여 준답니다.

독일 발할라 기념관에 있는 조피 숄의 대리석 흉상

안네 프랑크

어둠 속에서 희망을 잃지 않았던 소녀

제2차 세계 대전이 일어나기 전 안네의 모습

점점 드리워지는 위험한 그림자

안네 프랑크는 1929년 독일 프랑크푸르트암마인의 부유한 유대인 가정에서 태어났어요. 원래 이름은 아넬리스지만 가족들은 늘 안네라고 불렀어요. 안네와 언니 마고트는 부모님의 사랑을 듬뿍 받으며 자랐어요. 안네는 바닷가에서 보내는 휴일을 좋아하고, 친구들에게 인기가 많은 수다쟁이 소녀였어요. 프랑크 가족은 매우 행복했답니다.

하지만 프랑크 가족에게도 위험의 그림자가 드리웠어요. 나치 정권의 우두머리 아돌프 히틀러는 전 세계를 독일의 손아귀에 넣겠다는 엄청난 계획이 있었어요. 특히 나치는 순수한 백인의 우월함을 강조하는 '인종주의'에 사로잡혀 있었어요. 프랑크 가족 같은 유대인이나 집시 같은 소수 민족을 멸시했고, 그 밖에도 힘없고 약한 사람들을 독일에서 모두 몰아내고 싶어 했지요. 이 같은 히틀러의 정책은 결국 1100만 명이 넘는 사람들을 죽음으로 내몰았는데, 이것을 '홀로코스트'라고 해요.

안네는 가족과 함께 나치의 영향력이 미치지 않는 네덜란드 암스테르담으로 이사했고, 그곳에서 한동안 안심할 수 있었어요. 아버지는 새 사업도 시작했지요. 하지만 나치 세력이 네덜란드에까지 들이닥치면서 이곳의 유대인들도 하나둘 사라지기 시작했어요. 강제 수용소에 대한 무서운 소문도 들려왔지요. 안네의 부모님은 불안한 마음에 대책을 세웠어요.

안네(가운데)와 아버지 오토, 언니 마고트

안네가 쓴 빨간 격자무늬 일기장

소망을 담은 일기

13살이 된 안네는 생일 선물로 일기장을 받았어요. 학교에서는 친구들과 쿠키를 나누어 먹었고, 집에서는 방 안 가득한 꽃장식과 맛있는 딸기 파이로 가족들과 함께 소박한 파티를 열었지요. 그것이 안네가 마음 편히 축하할 수 있던 마지막 생일이 될 줄은 꿈에도 몰랐답니다. 얼마 뒤, 안네의 언니 마고트를 근로 캠프로 보내라는 나치의 명령이 떨어졌어요. 그날부터 가족들은 숨어 지내기로 결정했고, 아버지 사무실 안에 숨겨진 '비밀 공간'으로 이사했어요. 가족이 지낸 은신처로 들어가는 문은 아무도 눈치채지 못하도록 책장으로 가렸지요. 안네의 가족이 어디로 갔는지 아는 사람은 아무도 없었어요. 하루아침에 연기처럼 사라져 버렸으니까요.

> **❝ 그러나 희망이 있는 곳에 삶이 있다. 희망은 새로운 용기를 불어넣어 우리를 다시 강인하게 만들어 준다. ❞**

프랑크 가족의 은신처에는 나치의 눈을 피해 숨어 지낼 곳이 필요했던 반 펠스 가족과 치과의사 프리츠 페퍼도 함께였어요. 그들 모두는 검은 커튼 뒤에 숨어 살면서 행여 작은 빛이나 소리가 새어 나갈까 두려움에 떨어야 했어요.

'안네'로 불리던 아넬리스 마리 프랑크

> "이 세상 모든 사람, 심지어 만나 보지 못한 이들에게도 즐거움을 주는 쓸모 있는 사람이 되고 싶다. 나는 죽은 뒤에도 계속 살아 있고 싶다."

안네는 두려움과 고단함을 잊기 위해 날마다 일기를 썼어요. 일기는 언제나 '키티에게'라는 인사로 시작되었고, 안네의 꿈들이 고스란히 담겼어요. 안네는 파리와 런던에 가고 싶었고, 예쁜 드레스를 입고 싶었어요. 커서는 기자가 되고 싶었고요. 또 배고픔과 지루함, 언니를 향한 질투심에 대한 이야기를 남겼고, 어머니와 다툰 일도 썼어요. 우윳빛 유리를 통해 밤나무만 하릴없이 바라보는 대신 밖에 나가서 뛰어놀고 싶은 간절한 마음도, 17살 소년 페터 반 펠스에게 느꼈던 애틋한 첫사랑과 설레는 첫 키스에 대한 감정도 적었어요. 그러나 무엇보다 안네의 일기에서 빼놓을 수 없는 내용은 '희망'이에요. 안네는 언젠가 다시 자유롭게 살 수 있을 거라는 희망을 잃지 않았지요.

프랑크 가족은 숨어 지낸 지 2년 하고도 35일이 되던 날, 마침내 독일 비밀경찰에게 발각되어 모두 체포당했어요. 안네와 마고트, 어머니는 아우슈비츠 강제 수용소로 끌려갔어요. 그곳에서는 안네의 어머니를 포함한 100만 명이 넘는 사람들이 목숨을 잃었어요. 마고트와 안네는 다시 베르겐벨젠 수용소로 옮겨진 뒤 티푸스에 걸려 며칠 사이에 차례로 세상을 떠났답니다. 그때 안네의 나이는 겨우 15살이었어요.

세상을 움직이다

별채에 숨어 지내던 여덟 사람 가운데 살아남은 이는 안네의 아버지 오토 프랑크뿐이었어요. 제2차 세계 대전이 끝나고 암스테르담으로 돌아온 아버지는 안네가 쓴 일기장을 일기장을 찾아 냈어요. 아버지는 딸의 이야기를 세상에 공개하기로 마음먹었고, 안네가 살아 있다면 18살이 되었을 1947년 6월에 일기를 한 권의 책으로 엮어 펴냈어요. 그렇게 출간된 《안네의 일기》는 60종이 넘는 언어로 번역되어 수백만 독자들에게 읽혔답니다.

안네 프랑크는 영원히 소녀로 남았어요. 하지만 안네의 뛰어난 유머 감각과 상상력, 용기, 희망은 전 세계에 알려졌고, 앞으로도 오래도록 사람들의 가슴 속에 살아 있을 거예요.

안네의 일기장은 안네가 강제 수용소에서 죽음을 맞은 뒤 아버지에게 돌아갔다.

> "이 모든 시련에도 나는 여전히 사람들의 속마음은 진정 선하다고 믿는다."

언니들의 세계사 ★ 명예의 전당

하트셉수트
BC 1504 – 1458 무렵

부디카
AD 30 – 61 무렵

히파티아
AD 360 – 415 무렵

무측천
AD 624 – 705

잔 다르크
1412 – 1431 무렵

이사벨 1세
1451 – 1504

미라 바이
1498 – 1557 무렵

엘리자베스 1세
1533 – 1603

새커저위아
1788 – 1812

메리 애닝
1799 – 1847

메리 시콜
1805 – 1881

에이다 러블레이스
1815 – 1852

에밀리 브론테
1818 – 1848

플로렌스 나이팅게일
1820 – 1910

해리엇 터브먼
1820 – 1913 무렵

엘리자베스 블랙웰
1821 – 1910

사라 베르나르
1844 – 1923

에멀린 팽크허스트
1858 – 1928

앤 설리번
1866 – 1936

비어트릭스 포터
1866 – 1943

마리 퀴리
1867 – 1934

마리아 몬테소리
1870 – 1952

헬렌 켈러
1880 – 1968

안나 파블로바
1881 – 1931

코코 샤넬
1883 – 1971

조지아 오키프
1887 – 1986

아멜리아 에어하트
1897 – 1937

프리다 칼로
1907 – 1954

레이첼 카슨
1907 – 1964

도러시 호지킨
1910 – 1994

마더 테레사
1910 – 1997

로자 파크스
1913 – 2005

누어 이나야트 칸
1914 – 1944

빌리 홀리데이
1915 – 1959

인디라 간디
1917 – 1984

캐서린 존슨
1918

에바 페론
1919 – 1952

로절린드 프랭클린
1920 – 1958

조피 숄
1921 – 1943

한나 세네시
1921 – 1944

마야 앤절로
1928 – 2014

안네 프랑크
1929 – 1945

다이앤 포시
1932 – 1985

발렌티나 테레시코바
1937

왕가리 마타이
1940 – 2011

시린 에바디
1947

테레사 카친다모토
1958

리고베르타 멘추 툼
1959

캐시 프리먼
1973

말랄라 유사프자이
1997

낱말 풀이

가톨릭교 교황을 중심으로 한 기독교 교회의 한 종파.

강제 수용소 많은 포로를 비좁은 공간에 가두고 강제 노동을 시키는 곳. 식사와 건강관리가 부실하며, 목숨을 빼앗기는 일도 잦다.

개신교 16세기 마르틴 루터와 장 칼뱅이 이끈 종교 개혁을 통해 생겨난 기독교의 한 종파.

결정학 원자 및 기타 물질의 구조를 알아내기 위해 결정의 구조를 연구하는 자연 과학의 한 분야.

고생물학자 지질학적 측면에서 과거를 이해하기 위해 화석을 연구하는 학자.

공산주의 개인 재산을 갖는 대신 모든 것을 함께 나누어야 한다고 믿는 사상.

국제연합(UN) 세계 평화와 안전 도모, 회원국 간의 우호적인 관계 수립, 인권 보호, 협조와 상호 존중을 통한 국제법 수호 등을 목적으로 1945년에 여러 나라가 모여서 설립한 국제단체.

극단적 한쪽으로 완전히 치우쳐 지나침. 주로 종교나 정치적 신념과 관련해 자주 쓰는 말이다.

나사(NASA, 미국 항공 우주국) 1958년에 설립된 미국의 정부 기관. 대기권 내부와 외부에 대한 연구 및 탐사를 담당한다.

나치 1933~1945년 아돌프 히틀러가 이끈 독일의 독재 정당. 독일 민족 중심주의를 내걸고 전 세계를 집어삼키려 했고, 홀로코스트 정책으로 600만 명이 넘는 유대인을 학살했다.

남북 전쟁 1861~1865년에 노예제를 둘러싸고 미국에서 벌어진 전쟁. 에이브러햄 링컨 대통령이 지휘하는 북부 연합군이 남부 연합군을 상대로 승리해 노예 약 400만 명이 자유를 찾았다.

노벨상 해마다 물리학, 화학, 의학, 문학, 경제학, 평화 증진 분야에서 두드러진 활약을 펼친 사람에게 주는 상. 19세기 말 스웨덴 출신 발명가 알프레드 노벨이 기부한 재산을 기금으로 세계에서 가장 권위 있는 상으로 평가된다.

뉘른베르크 법 1935년 아돌프 히틀러가 상정해 독일에서 시행된 반유대인 법. 이 법은 유대인의 독일 시민권을 빼앗고, 유대인과 비유대인의 결혼을 금했으며, 유대인을 노골적으로 핍박해 결국 홀로코스트까지 이르렀다.

DNA(디엔에이) 거의 모든 생물이 갖고 있는 유전 물질. DNA의 배열 순서가 유전자 구성을 결정하며, 화학적 사촌 관계인 RNA와 함께 작용한다.

로제타석 그리스어, 이집트 상형문자, 신관문자가 새겨진 고대 이집트의 비석. 이 비석에 있는 그림 형태의 상형문자를 해석해 고대 이집트 역사의 많은 부분을 파악할 수 있었다. 영국 대영박물관에 소장되어 있다.

무적함대 1588년 에스파냐 왕 펠리페 2세가 영국을 정복하기 위해 보낸 127척의 배. 수가 훨씬 적은 영국 해군에 패함으로써 에스파냐는 해상 무역권을 영국에게 넘겨 주게 되었다.

물리학 사물과 에너지를 연구하는 자연 과학의 한 분야.

민주주의 국민이 자유선거를 통해 뽑은 대표에게 나라의 통치를 맡기는 정부 체제.

방사능 우라늄이나 라듐 같은 물질이 스스로 붕괴되면서 에너지 또는 입자들의 광선을 내뿜는 일.

백년전쟁 프랑스와 잉글랜드가 프랑스 왕위 계승 문제 등을 포함한 여러 사안을 두고 1337~1453년 동안 이어진 전쟁.

분리 정책 인종과 민족 별로 공공시설이나 기관 등을 구분하여 이용하도록 강제로 분리시키는 차별 정책.

분자 원자들이 결합되어 이루어진 화학적 화합물의 최소 단위.

비단길 중국과 서방 세계를 잇는 고대의 무역로. 이 길을 통해 중국에서 서양으로 비단이, 서양에서 중국으로는 모와 금, 은이 전해졌다.

산업 혁명 1760~1840년 사이 농경에 기반을 둔 전통 사회에서 기계의 사용을 기초로 하는 근대적인 사회로 변하는 과정. 영국에서 시작되었다.

살충제 식물(특히 농작물)이나 동물에 해로운 벌레를 없애는 데 사용하는 화학 물질.

샤리아 코란을 기초로 한 이슬람 율법. 종교 생활과 일상생활 모두를 아우르지만, 적용 방식에 대해서는 전통적 이슬람교도와 현대적 이슬람교도의 의견이 갈린다.

소아마비 중추 신경계에 영향을 미쳐 운동 기능 마비를 일으키는 폴리오바이러스 감염증.

서프러제트 20세기 초 영국에서 참정권 운동을 벌인 여성들을 지칭하는 말. 이들의 활동으로 1928년 영국의 모든 여성이 남성과 동등하게 투표권을 지닐 수 있게 되었다.

수피즘 검소한 생활과 명상, 수행을 강조하는 이슬람교 신비주의 사상.

순교자 자신의 믿음 때문에 목숨을 잃은 사람. 주로 종교와 관련된다.

시오니즘 유대인들의 유대인의 국가를 만들어야 한다는 주장으로 시작된 유대 민족주의 운동. 1948년 팔레스타인 지역에 유대인 국가 '이스라엘'의 건국을 선포했다. 시오니즘이라는 이름은 성경에 등장하는 예루살렘의 '시온' 언덕에서 따온 것이다.

신플라톤주의 200년대에 생겨난 그리스 철학의 마지막 학파. 플라톤의 변하지 않는 영원한 이데아에 영감을 얻었고, 삶의 질에 관심이 많았다.

염색체 생물의 유전자가 들어 있는 세포의 중심 부분. 인간은 46개, 23쌍의 염색체를 갖고 있다.

왕조 한 집안 출신 통치자들의 계열, 또는 그들이 나라를 다스리는 시대.

엑스선	우리 눈에 보이지는 않지만 물체를 뚫고 지나가는 광선. 엑스선을 발견한 독일의 물리학자 빌헬름 뢴트겐은 1901년 첫 번째 노벨 물리학상의 수상자가 되었다.
원소	더 작은 물질로 쪼갤 수 없는, 물질을 이루는 기본 성분.
원자	물질의 기본 구성 단위. 하나의 핵과 이를 둘러싼 여러 개의 전자로 구성되어 있다.
유대교	유일신 '여호와'를 믿는 유대인의 민족 종교. 하느님이 모세에게 내린 율법의 가르침과 구약 성경의 일부를 따른다.
의회	민주주의 국가에서 법을 만드는 기관. 입법부라고도 한다.
이교도	자신이 믿는 종교에 속하지 않은 사람들을 가리키는 말. 주로 다른 종교인들을 배척하려는 뜻을 담아 사용한다.
이슬람교	610년 아라비아의 예언자 마호메트가 만든 종교. 알라신을 받들고, 이슬람교의 경전 코란의 율법을 따라야 한다고 믿는다. 세계에서 두 번째로 신자 수가 많다.
이중 나선	DNA가 가지는 기본 구조로, 두 가닥의 사슬이 빙빙 돌아가며 꼬인 모양이다. 제임스 왓슨과 프랜시스 크릭이 로절린드 플랭클린의 엑스선 회절 사진을 통해 DNA의 이중 나선 구조를 밝혀냈고, 그 공로를 인정받아 노벨 생리의학상을 받았다.
인권	자유, 평등, 공정성 등 모든 인간이 사회의 한 구성원으로서 당연히 누려야 할 혜택.
인슐린	우리 몸에서 탄수화물의 물질 대사를 도와주는 호르몬으로, 혈액 속의 포도당을 세포로 전하는 작용을 하며 혈당량을 낮춘다.
인종주의	남다른 피부색이나 외모를 가진 사람에 대한 편견이나 차별을 말한다. 또한 자신이 속한 인종이 다른 인종보다 우월하다는 믿음을 뜻한다.
점자	시각 장애인을 위한 글자 체계. 두꺼운 종이에 배열된 작고 볼록한 점으로 이루어지며, 손으로 더듬어서 해석한다.
제1차 세계 대전	1914~1918년 동안 독일이 이끄는 '동맹국'과 영국, 프랑스, 제정 러시아, 미국이 이끄는 '연합국'이 유럽의 패권을 두고 벌인 전쟁. 결과는 연합국의 승리였지만 1600만 명 이상의 사람들이 목숨을 잃었다.
제2차 세계 대전	제1차 세계 대전 문제의 연장선에서 1939~1945년 연합국(프랑스, 영국, 미국, 러시아)과 추축국(독일, 이탈리아, 일본) 사이에 벌어진 전쟁. 결과는 연합국의 승리였지만, 약 5000만 명이 목숨을 잃었다.
종교 재판	한 사람의 종교적 신념을 검토하고 가톨릭교회에 대한 충성심을 확인하는 과정. 15세기에서 19세기까지 에스파냐에서 벌어진 종교 재판은 편협하고 잔인한 방식으로 악명이 높았다.
지질학	단단한 지각, 특히 광물과 암석을 연구하는 자연 과학의 한 분야.
지하철도	19세기 미국 남부 지방에 살거나 남부 연합군에 소속돼 있던 흑인 노예 수만 명을 도와 북부 지방과 캐나다로 안전하게 탈출시킨 사람들의 조직망. 실제 '지하'나 '철도'와는 아무 상관이 없다. 노예제에 반대하던 노예 해방론자와 종교 지도자, 탈출에 성공한 노예 들로 이루어진 이 조직은 노예들을 밤 시간에 안전한 경로로 안내해 자유의 세계로 이끌었다.
참정권	국민이 정치에 참여할 수 있는 권리. 일반적으로 선거에 참가하여 투표할 수 있는 권리를 의미한다.
천문학	별, 행성, 태양계, 은하계, 기타 지구 대기권 밖 물체들에 관련된 학문.
코란	이슬람교의 바탕이 되는 경전. 알라신이 예언자 마호메트에게 전한 말씀과 이슬람교 신자가 따라야 하는 계율이 담겨 있다.
콜레라	콜레라균에 의한 전염병으로 목숨을 위협할 만큼 심한 구토와 설사가 특징이다.
크림 전쟁	1853~1856년 동안 영국, 프랑스, 터키 연합군과 러시아가 흑해 주변과 현재의 우크라이나 지역에서 벌인 전쟁. 원인은 러시아 그리스정교회, 오스만제국, 프랑스 가톨릭교회 사이의 갈등과 영토 확장이었다.
탈레반	극단적 보수주의를 고집하는 이슬람교 무장 단체. 1990년대 중반에 결성되어 아프가니스탄을 지배했으며, 특히 여성에게 지나치게 엄격한 규칙을 강요한다.
티푸스	리케차균이 일으키는 각종 전염성 질병을 통틀어 이르는 말. 이, 벼룩, 진드기 등을 통해 감염되며, 사람이 많고 더러운 환경에서 자주 발생한다. 피부 발진, 두통, 구역질, 고열, 환각을 일으키며 심할 경우 죽음에 이른다.
페미니스트	남성과 여성은 평등하다고 믿고 여성의 권리 확장을 지지하는 사람.
폐결핵	폐와 뼈, 중추 신경계에 영향을 미치는 위험한 세균 감염 질환. 19세기 유럽에서 크게 유행했으며, 오늘날까지도 개발도상국에서 해마다 수백만 명의 목숨을 빼앗고 있다.
프로이센-프랑스 전쟁	1870~1871년 동안 비스마르크가 이끄는 프로이센을 중심으로 독일의 여러 영방 국가들이 프랑스와 싸워 이긴 전쟁. 그 결과 독일 지역에서 프랑스 세력이 완전히 물러나고 독일 통일이 이루어졌다.
홀로코스트	제2차 세계 대전에서 나치 독일이 벌인 유대인 대학살. 보통 유럽에서 나치가 유대인, 집시, 정신 질환자, 기타 사회적 약자들을 대상으로 벌인 체계적 학살을 가리킨다. 홀로코스트로 목숨을 잃은 사람은 유대인 약 600만 명을 포함해 약 1100만 명에 이른다.
화석	선사시대 식물이나 동물의 흔적이 퇴적물 속에 묻혀 단단한 암석으로 보전된 것.
화학	물질의 성질과 구조, 변화를 주었을 때의 반응 등을 연구하는 자연 과학의 한 분야.
힌두교	기원전 3000~2000년 무렵 인도에서 탄생한 고대 종교. 여러 신을 모시며, 인내를 귀하게 여기고, 진리는 곳곳에서 비롯된다고 믿는다.

옮긴이의 말

'걸 크러시(girl crush)'라는 말을 들어 보았나요? 아름다운 외모나 뛰어난 패션 감각뿐만 아니라 당당하고 멋진 생활 태도를 가진 여성에 대해 같은 여성으로서 우러르는 마음을 뜻하는 말이에요. 어쩌다 보니 요즘 우리나라에서는 걸 크러시가 '강하고 센 여성'의 대명사가 되었는데요. 그보다는 자신을 둘러싼 환경에서 조용하면서도 꿋꿋하고 야무지게 자기의 믿음과 의지를 보여 주는 여성이 진정한 걸 크러시의 대상이 아닐까 싶어요.

《언니들의 세계사》에는 우리 모두를 걸 크러시에 빠뜨릴 만한 멋진 언니들 50명의 이야기가 담겨 있어요. 이 여성들은 서로 다른 시대와 지역에서 태어나 정치, 사회, 예술, 학문 등 다양한 분야에서 저마다 뚜렷한 자취를 남겼답니다. 언니들이 살아가는 데 '여성'이라는 조건은 대체로 장애물이었어요. 특히 예전에는 여성이 남성보다 뒤떨어진다는 편견이 심했거든요. 이 책에 나오는 언니들은 이러한 잘못된 사회 인식을 뛰어넘어 자신의 능력과 의지를 세상에 보여 주기 위해 애썼어요.

물론 그 과정에서 언니들이 항상 정의롭고 올바른 길만 갔던 것은 아니에요. 자신의 뜻을 펼치려는 의지가 너무 컸던 나머지 다른 사람들에게 피해를 준 예도 없지 않았지요. 안타깝지만 이 책에서는 한 인물의 기나긴 삶을 고작 두 페이지에 담아내야 하기에, 삶의 모든 부분을 깊이 다루지는 못했답니다. 그 대신 자신을 둘러싼 환경에서 개인적 또는 사회적 한계를 뛰어넘어 자신이 원하고 꿈꾸는 삶을 살기 위해 노력했던 한 인간의 굳은 의지에 초점을 맞추었지요.

이 책에 나오는 여성들 가운데는 헬렌 켈러나 마리 퀴리처럼 우리에게 익숙한 사람도 있지만 처음 듣는 낯선 이름도 있을 거예요. 또 어떤 나라의 역사에서는 의미가 있더라도 우리나라 독자들 입장에서 대단치 않아 보이는 인물도 있고요. 하지만 서양과 남성 중심의 역사를 뛰어넘어, 세계의 구석구석을 둘러보며 상징적인 여성 인물들을 찾아내고 그들의 이야기를 들려주는 이 책의 시도 자체가 커다란 의미를 지닙니다. 이 여성들의 삶에 대한 평가는 시대에 따라 또는 개인의 가치관에 따라 다를 수 있어요. 우리가 누군가를 평가할 때 가장 위험한 행동은 '장님이 코끼리 만지듯' 일부만 보고 전체를 다 아는 것처럼 판단하는 거예요. 이 책에서 여러분이 특별히 관심이 가는 인물이 있다면, 다른 여러 자료를 통해 스스로 더 깊이 탐구해 보세요. 더 흥미롭고 감동적이며 때로는 실망스러운 뒷이야기가 많이 있으니까요. 또 주변 친구들과 그 인물의 삶에 대해 토론해 보는 것도 재미있을 거예요.

《언니들의 세계사》를 우리말로 옮기면서 조심스러웠던 점은 이 책을 쓴 외국의 작가 역시 자신이 속한 환경의 한계 안에서 인물을 평가했다는 점이에요. 그래서 때로는 우리 현실이나 정서에 맞지 않거나, 우리 어린이들이 이해하기 어려운 내용도 다소 담겨 있었지요. 이런 부분들은 편집부와 논의 끝에 우리 독자들의 눈높이에 맞게 조금씩 손보았다는 점을 밝혀 둡니다.

한 인물의 삶에는 긍정적이든 부정적이든 반드시 배울 점이 있답니다. 이 책을 시작으로 숨겨진 역사 속 인물들의 삶을 자세히 알아보고 그 안에서 어떤 가르침을 얻어야 할지 스스로 판단한다면, 그만큼 생각의 깊이를 더하고 세상을 바라보는 시야를 넓힐 수 있을 거예요.

옮긴이 김현희

자료 출처
(표기 순서는 위에서 아래이며, 같은 높이에 있는 자료는 왼쪽은 '왼', 오른쪽은 '오'로 표기했습니다.)

6 GL Archive/Alamy Stock Photo (왼); Artokoloro Quint Lox Limited/Alamy Stock Photo (오). 7 Skyscan Photolibrary/Alamy Stock Photo; Chronicle/Alamy Stock Photo. 9 Holmes Garden Photos/Alamy Stock Photo. 10 World History Archive/Alamy Stock Photo. 11 Carl Mydans/The LIFE Picture Collection/Getty Images. 12 © UN Women. 13 robertharding/Alamy Stock Photo. 14 © Aptyp_koK/Shutterstock.com. 15 © sofiaworld/Shutterstock.com; ART Collection/Alamy Stock Photo. 16 Pictorial Press Ltd/Alamy Stock Photo. 17 Artepics/Alamy Stock Photo. 19 © Philip Bird LRPS CPAGB/Shutterstock.com. 20 © Maciek67/Shutterstock.com. 22 Granger Historical Picture Archive/Alamy Stock Photo. 23 Granger Historical Picture Archive/Alamy Stock Photo. 25 Everett Historical/Shutterstock.com (왼); Everett Historical/Shutterstock.com (오); Witold Skrypczak/Alamy Stock Photo. 27 CSU Archives/Everett Collection Historical/Alamy Stock Photo; Granger Historical Picture Archive/Alamy Stock Photo. 28 WorldPhotos/Alamy Stock Photo. 29 Annie Eagle/Alamy Stock Photo. 31 flavia raddavero/Alamy Stock Photo (왼); Granger Historical Picture Archive/Alamy Stock Photo (오). 32 Pictorial Press Ltd/Alamy Stock Photo. 33 Everett Collection Inc/Alamy Stock Photo. 34 Paul Fearn/Alamy Stock Photo; Heritage Image Partnership Ltd/Alamy Stock Photo. 35 INTERFOTO/Alamy Stock Photo. 36 IndiaPicture/Alamy Stock Photo; ephotocorp/Alamy Stock Photo. 37 Dinodia Photos/Alamy Stock Photo. 38 Everett Collection Historical/Alamy Stock Photo; CBW/Alamy Stock Photo. 39 Jeff Morgan 11/Alamy Stock Photo. 40 Granger Historical Picture Archive/Alamy Stock Photo; Heritage Image Partnership Ltd/Alamy Stock Photo. 41 Everett Collection Inc/Alamy Stock Photo. 42 Art Collection 4/Alamy Stock Photo. 43 Wild Life Ranger/Alamy Stock Photo; Lebrecht Music and Arts Photo Library/Alamy Stock Photo. 44 Everett Historical/Shutterstock.com. 45 Chronicle/Alamy Stock Photo. 46 IanDagnall Computing/Alamy Stock Photo; Picture/Alamy Stock Photo. 47 Hulton Archive/Stringer/Getty Images; Prisma by Dukas Presseagentur GmbH/Alamy Stock Photo. 48 Everett Collection Historical/Alamy Stock Photo; Granger Historical Picture Archive/Alamy Stock Photo. 49 INTERFOTO/Alamy Stock Photo. 50 Granger Historical Picture Archive/Alamy Stock Photo. 51 Everett Collection Historical/Alamy Stock Photo. 53 Private Collection/Bridgeman Images(왼); GL Archive/Alamy Stock Photo(오). 54 Sipa Press/REX/Shutterstock (tr). 55 Marco Destefanis/Alamy Stock Photo. 56 Chronicle/Alamy Stock Photo; Bettmann/Getty Images. 57 Nenov Brothers Images; Kurt Hutton/Stringer/Picture Post/Getty Images. 58 Vittoriano Rastelli/Corbis via Getty Images. 59 Keystone Pictures USA/Alamy Stock Photo; Joerg Boethling/Alamy Stock Photo. 61 SIMON MAINA/AFP/Getty Images; Wendy Stone/Corbis via Getty Images. 62 Pictorial Press Ltd/Alamy Stock Photo. 63 Granger Historical Picture Archive/Alamy Stock Photo; Everett Collection Historical/Alamy Stock Photo. 64 Pictorial Press Ltd/Alamy Stock Photo; Everett Collection Inc/Alamy Stock Photo. 65 Everett Collection Inc/Alamy Stock Photo. 66 Everett Historical/Shutterstock.com. 67 Paul Fearn/Alamy Stock Photo; Wellcome Collection. 68 JHU Sheridan Libraries/Gado/Getty Images; Alfred Eisenstaedt/The LIFE Picture Collection/Getty Images; sjbooks/Alamy Stock Photo. 69 Everett Collection Inc/Alamy Stock Photo. 70 ART Collection/Alamy Stock Photo; GL Archive/Alamy Stock Photo. 73 National Geographic Creative/Alamy Stock Photo; Science History Images/Alamy Stock Photo. 74 Science History Images/Alamy Stock Photo. 75 World History Archive/Alamy Stock Photo. 76 Private Collection/© Look and Learn/Bridgeman Images. 76-77 The Natural History Museum/Alamy Stock Photo. 77 The Natural History Museum/Alamy Stock Photo. 78 Science History Images/Alamy Stock Photo. 79 NASA/Donaldson Collection/Getty Images. 80 Keystone Pictures USA/Alamy Stock Photo; Jennie Mills/Science Museum/SSPL/Getty Images. 81 Mondadori Portfolio via Getty Images. 82 United News/Popperfoto/Getty Images. 83 Liam White/Alamy Stock Photo. 84 SPUTNIK/Alamy Stock Photo (왼); severjn/Shutterstock.com (오). 85 SPUTNIK/Alamy Stock Photo (왼); SPUTNIK/Alamy Stock Photo (오). 86 Oli Scarff/AFP/Getty Images. 87 Splash News/Alamy Stock Photo. 88 incamerastock/Alamy Stock Photo. 90 B Christopher/Alamy Stock Photo; © KEYSTONE Pictures/ZUMAPRESS.com. 91 John Frost Newspapers/Alamy Stock Photo. 92 Heritage Image Partnership Ltd/Alamy Stock Photo. 93 War Archive/Alamy Stock Photo. 94 Everett Collection Historical/Alamy Stock Photo. 95 Granger Historical Picture Archive/Alamy Stock Photo. 96 © IWM (HU 74868); Mophart Creation/Shutterstock.com; Basement Stock/Alamy Stock Photo. 97 dominic dibbs/Alamy Stock Photo. 98 Archive Pics/Alamy Stock Photo; Archive Pics/Alamy Stock Photo. 99 World History Archive/Alamy Stock Photo. 100 Theodore Liasi/Alamy Stock Photo. 101 Allstar Picture Library/Alamy Stock Photo. 102 INTERFOTO/Alamy Stock Photo; Alan Copson City Pictures/Alamy Stock Photo. 103 INTERFOTO/Alamy Stock Photo. 104 Heritage Image Partnership Ltd/Alamy Stock Photo; Heritage Image Partnership Ltd/Alamy Stock Photo; Everett Collection Inc/Alamy Stock Photo. 105 DPA picture alliance archive/Alamy Stock Photo; Andreas Arnold/DPA picture alliance/Alamy Stock Photo.

신념과 리더십

훌륭한 리더가 되려면 무엇이 필요할까요? 굳은 신념, 용기, 지혜, 자신에 대한 확신, 강한 힘, 바른 인격 등 여러 가지 덕목이 필요해요. 1부에 소개된 여성들은 출신 국가도 다르고, 시대적 배경도 모두 달라요. 하지만 이들에게는 더 나은 세상을 만들고 싶다는 공통된 꿈이 있었어요. 이들은 여성도 남성만큼 뛰어난 지도자가 될 수 있다는 것을 증명하기 위해 남다른 지성과 헌신, 신념을 보여 줌으로써 경계를 허물었어요. 이들의 리더십이 세상을 움직인 거예요.

상상력과 창의력

훌륭한 예술가가 되려면 무엇이 필요할까요? 타고난 재능, 끈기, 탁월함, 과감함, 슬기로움, 재치 등 여러 가지 덕목이 필요해요. 2부에 소개된 여성들은 이 특성들을 대부분 갖추고 있으며, 모두 다 가진 이들도 있어요. 이들의 독창성과 새로운 것을 시도하려는 의지는 미술, 문학, 노래, 무용 등 분야에 상관없이 뛰어난 예술 작품을 만들어 내기 위한 밑거름이 되었어요. 이들의 삶과 작품은 그 시대 사람들은 물론 오늘날 우리에게도 깊은 감동과 영감을 주며 커다란 영향력을 미치고 있어요. 이들의 작품이 세상을 움직인 거예요.

희생과 봉사

훌륭한 안내자, 선생님, 의료인이 되려면 무엇이 필요할까요? 헌신과 연민, 봉사, 희생정신, 너그러움, 다정함 등 여러 가지 덕목이 필요해요. 3부에 소개된 여성들은 다른 이들의 더 나은 삶을 위해 자신의 삶을 바쳤어요. 아픈 사람, 다친 사람, 가난한 사람, 도움이 필요한 사람들을 정성껏 보살폈지요. 자기보다 운이 나쁜 사람을 돕기 위해 엄청난 희생을 치러야 했던 경우도 많았어요. 이 여성들이 시작한 일은 오늘날까지 많은 이들의 삶에 영향을 미치고 있어요. 그들의 따뜻한 마음이 세상을 움직인 거예요.

사고력과 문제 해결 능력

문제를 잘 해결하려면 무엇이 필요할까요? 뛰어난 지성, 천재성, 독창성, 낙천적인 성격, 과감함, 집중력 등 여러 가지 덕목이 필요해요. 4부에 소개된 여성들은 이 모든 자질을 두루 갖추었어요. 호기심과 독창적인 사고력으로 모든 현상에 의문을 품고 해답을 찾았지요. 이 놀라운 여성들은 과학과 수학은 남성만의 분야라는 편견에 맞서 싸우며 진리와 지식의 추구는 성별이나 출신에 상관없이 모두가 할 수 있는 일임을 몸소 증명해 보였어요. 용감하고 영리했던 이들의 문제 해결 능력이 세상을 움직인 거예요.

희망과 극복

훌륭한 영웅, 투사, 개혁가가 되려면 무엇이 필요할까요? 용기, 자신감, 두려움을 모르는 대담무쌍함, 신념, 강인함, 정신력 등 여러 가지 덕목이 필요해요. 5부에 소개된 여성들은 이 모든 자질은 물론 그 이상의 것까지 갖추었어요. 그들은 이길 수 없는 싸움에도 기꺼이 나갔고, 도저히 살 수 없는 상황에서도 살아남았어요. 자신이 확인할 수 없을지라도 현재의 상황이 바뀔 수 있다고, 바뀔 거라고 믿었어요. 이 여성들의 가장 큰 공통점은 희망을 잃지 않았다는 거예요. 희망은 이 책에 나오는 모든 여성들이 가졌던 가장 중요한 자산이었답니다.

그들은 모두 세상을 움직였어요.